Großprojektmanagement

Die Leuphana Case Studies sind ein Projekt, das in Zusammenarbeit mit kleinen und mittelständischen Unternehmen erstellt und entwickelt worden ist. Sie sind ein Lehrbuch, mit dessen Hilfe Unternehmen, die vor ähnlichen Herausforderungen stehen, selbige bewältigen können. Dafür ist keine Hilfe von Dritten notwendig. Auf Grundlage der einzelnen Case Studies werden den Bearbeiterinnen und Bearbeitern elementare Werkzeuge aus der wissenschaftlichen Theorie erklärt. Diese können sie anwenden, um mit den Insiderkenntnissen des eigenen Unternehmens Prozesse zu optimieren, Ziele entwickeln und erreichen oder schwierige Herausforderungen zu bewältigen.

Weitere Bände in dieser Reihe
http://www.springer.com/series/15432
Massonne, Veranstaltungsmanagement - 978-3-662-54003-9
Klöppner et al., Fachkräftemangel im Pflegesektor - 978-3-662-54013-8
Melles, Produkteinführung - 978-3-662-54001-5
Deharde, Produktionsentscheidung - 978-3-662-53997-2
Sikkenga, Shitstorm-Prävention - 978-3-662-54015-2
Göse, Sozialunternehmen - 978-3-662-54007-7
van Hueth et al., Sozialwirtschaft - 978-3-662-54005-3
Giese, Großprojektmanagement - 978-3-662-54011-4
Göse/Reihlen, Gründung einer Unternehmensberatung - 978-3-662-54009-1

Nicole Giese

Großprojekt-
management

Nicole Giese
Case Studies
Leuphana Universität Lüneburg
Lüneburg
Deutschland

ISBN 978-3-662-54011-4   ISBN 978-3-662-54012-1   (eBook)
DOI 10.1007/978-3-662-54012-1

Die Deutsche Nationalbibliothek verzeichnet diese Publikation in der Deutschen Nationalbibliografie; detaillierte bibliografische Daten sind im Internet über http://dnb.d-nb.de abrufbar.

Springer Gabler
© Springer-Verlag GmbH Deutschland 2017
Das Werk einschließlich aller seiner Teile ist urheberrechtlich geschützt. Jede Verwertung, die nicht ausdrücklich vom Urheberrechtsgesetz zugelassen ist, bedarf der vorherigen Zustimmung des Verlags. Das gilt insbesondere für Vervielfältigungen, Bearbeitungen, Übersetzungen, Mikroverfilmungen und die Einspeicherung und Verarbeitung in elektronischen Systemen.
Die Wiedergabe von Gebrauchsnamen, Handelsnamen, Warenbezeichnungen usw. in diesem Werk berechtigt auch ohne besondere Kennzeichnung nicht zu der Annahme, dass solche Namen im Sinne der Warenzeichen- und Markenschutz-Gesetzgebung als frei zu betrachten wären und daher von jedermann benutzt werden dürften.
Der Verlag, die Autoren und die Herausgeber gehen davon aus, dass die Angaben und Informationen in diesem Werk zum Zeitpunkt der Veröffentlichung vollständig und korrekt sind. Weder der Verlag, noch die Autoren oder die Herausgeber übernehmen, ausdrücklich oder implizit, Gewähr für den Inhalt des Werkes, etwaige Fehler oder Äußerungen. Der Verlag bleibt im Hinblick auf geografische Zuordnungen und Gebietsbezeichnungen in veröffentlichten Karten und Institutionsadressen neutral.

Gedruckt auf säurefreiem und chlorfrei gebleichtem Papier

Springer Gabler ist Teil von Springer Nature
Die eingetragene Gesellschaft ist Springer-Verlag GmbH Deutschland
Die Anschrift der Gesellschaft ist: Heidelberger Platz 3, 14197 Berlin, Germany

Vorwort des Herausgebers

Im Rahmen des Regionalentwicklungsprojekts Innovations-Inkubator Lüneburg wurden der Leuphana Universität im Zeitraum 2009 bis 2015 Mittel der Europäischen Union und des Landes Niedersachsen zur intensiven Förderung der Wirtschaft durch Transfer von Wissen aus der Forschung in die Unternehmen des aus elf Landkreisen bestehenden ehemaligen Regierungsbezirks Lüneburg bereitgestellt. Eine der insgesamt 47 in dem EU-Großprojekt durchgeführten Maßnahmen war die Erarbeitung der Leuphana Case Studies.

Gemeinsam mit Kooperationspartnern aus dem Konvergenzgebiet wurden zwölf Case Studies zu spezifischen Herausforderungen der Region erarbeitet. Die Themenfelder sind dabei sehr unterschiedlich und reichen von Fragen des Nachhaltigkeitsmanagements, über das Veranstaltungs- und Kulturmanagement im ländlichen Raum, bis hin zu Fragen der Vernetzung von kleinen und mittelständischen Unternehmen.

Dabei wurde das Konzept der wissenschaftlichen Methode Case Study mit den Leuphana Case Studies weiterentwickelt. Diese bestehen nicht nur aus einem mehrseitigen Fallstudientext, der dann von Studierenden bearbeitet wird. Die Leuphana Case Studies beinhalten ein didaktisches Konzept, mit dem den Bearbeiterinnen und Bearbeitern der Case Studies die Werkzeuge zur Lösung ihrer Herausforderungen vermittelt werden. So können die Case Studies von Unternehmen in vergleichbaren Situationen eingesetzt werden. Mit Hilfe des didaktischen Konzepts der Case Studies kann aus dem Wissensschatz der Mitarbeiterinnen und Mitarbeiter eines Unternehmens eine Lösung für die eigenen Herausforderungen erarbeitet werden.

Die Leuphana Case Studies sind in Zusammenarbeit mit den weiterbildenden Studiengängen der Leuphana Professional School entstanden. So wurden die didaktischen Konzepte bereits in der Praxis erprobt und darauf aufbauend weiter verfeinert. Die vorliegende Case Study spiegelt in weiten Teilen reale

Entwicklungsprozesse wider. An einigen Stellen wurden die Darstellungen didaktisch überarbeitet.

Wir wünschen Ihnen viel Erfolg und Spaß bei der Bearbeitung der vorliegenden Case Study. Wir sind uns sicher, dass Sie Werkzeuge und Fähigkeiten erlernen werden, die Ihnen bei Ihrer täglichen Arbeit und bei der Bewältigung der Herausforderungen dort helfen werden.

Christoph Kleineberg

Vorwort der Autorin

Eine Geflügelmastanlage soll gebaut werden, was großen Protest und Widerstand der Nachbarn hervorruft. Die Case Study behandelt die Herausforderungen, mit denen Unternehmen bei der Planung bis zur erfolgreichen Durchführung konfrontiert sind. Dazu werden Werkzeuge dargestellt, mit denen Widerstand bereits im Vorfeld identifiziert und antizipiert werden kann. Dies wird auf unterschiedlichen Ebenen durchgeführt, um ein möglichst vollständiges Bild der beteiligten Interessen zu bekommen.

Nicole Giese

Inhaltsverzeichnis

1	**Einleitung**		1
2	**Falldarstellung**		5
	2.1	Ein Dorf in Aufruhr: Neuigkeiten in Soderberg	5
		2.1.1 Soderberg und seine Einwohner	14
		2.1.2 Hof Berger	15
		2.1.3 Der Bauckhof	16
	2.2	Ein Hühnerleben!	17
		2.2.1 Konsum von Geflügelfleisch	17
		2.2.2 Preisgefüge und Produktivität	19
		2.2.3 Bio vs. Konventionell	22
		2.2.4 Nachfrage und Angebot	24
	2.3	Zurück am Stammtisch	25
3	**Fallzusammenfassung**		27
4	**Lehrstrategie**		29
	4.1	Paketbeschreibung	29
	4.2	Überblick über Geschichte der Case Study	30
	4.3	Zur Auswahl des Unternehmens	31
	4.4	Input zum Thema Fallstudie und Planspiel als Lehr- und Lernmethode	31
		4.4.1 Fallstudien zu unternehmerischer Nachhaltigkeit als Lehr- und Lernmethode für Studierende und Unternehmen	32
		4.4.2 Wissenstransfer durch den Innovations-Inkubator	33
		4.4.3 Theorieanwendung in der Praxis mit „Spaßfaktor"	33
		4.4.4 Wie kann eine Case Study aufgebaut sein?	35

	4.4.5	Was bietet die vorliegende Case Study und warum sollte ich mit ihr lehren?. 36
	4.4.6	Allgemeines didaktisches Vorgehen der vorliegenden Case Study (Case Problem Method). 37

5 Lehrplan 39
   5.1 Fallrelevante Problem-/Fragestellungen 39
   5.2 Fallrelevante Themen 40
   5.3 Lernziele und Zielgruppen 40
       5.3.1 Lernziele für die Förderung beruflicher Handlungskompetenzen. 41
       5.3.2 Lernziele für die Förderung von Nachhaltigkeitskompetenzen 42
   5.4 Ablaufplan der Veranstaltung 43
       5.4.1 Überblick 43
       5.4.2 Detailliertes Vorgehen. 44

6 Werkzeuge 51
   6.1 Fallanalyse. 51
   6.2 Analyse gesellschaftlicher und ethischer Herausforderungen 52
       6.2.1 Sozio-rationales Modell 53
       6.2.2 VENN-Diagramm-Modell 55
   6.3 Stakeholder-Management-orientierte Strategieformulierung und -bewertung 58
       6.3.1 Stakeholder-Konzept 58
       6.3.2 Stakeholder-Identifikation 59
   6.4 Begründung Handlungsempfehlung 61
   6.5 Hintergrundinformationen zur Fallgeschichte, die nicht in der Geschichte enthalten sind 62
       6.5.1 Allgemein. 62
       6.5.2 Bauckhof (Infos aus einem Interview mit Carsten Bauck). . . 62
       6.5.3 Hof Blecken (Pseudonym: Peter Berger, Infos aus einem Interview mit Frau Blecken) 64

7 Anhang 65

Literaturverzeichnis 77

Weiterführende Literatur. 79

Abbildungsverzeichnis

Abb. 2.1	Artikel im Luheboten	6
Abb. 2.2	Pro-Kopf-Verbrauch Geflügelfleisch.Quelle: Marktinfo Eier & Geflügel 2012.	18
Abb. 2.3	Pro-Kopf-Verbrauch Fleisch insgesamt.Quelle: Marktinfo Eier & Geflügel 2012.	19
Abb. 2.4	Haushaltseinkäufe von Hähnchenfleisch.	20
Abb. 2.5	Unterschiede der Neuland-Richtlinien und der EG-Öko-Verordnung für Mastgeflügel.	23
Abb. 4.1	Typen von Case Studies	36
Abb. 4.2	Ablauf einer Case Study. Quelle: http://www.fallstudienverbund.de/fallstudienbearbeitung, letzter Zugriff 25.10.2015.	36
Abb. 5.1	Einführung in das Seminar (Phase 1)	45
Abb. 5.2	Grundlagen und Falleinführung (Phase 2)	46
Abb. 5.3	Autodidaktisches Arbeiten (Phase 3)	47
Abb. 5.4	Vorbereitung auf Präsenz (Phase 4)	48
Abb. 5.5	Präsenzworkshop (Phase 5)	48
Abb. 5.6	Berichterstellung (Phase 6)	49
Abb. 5.7	Evaluierung (Phase 7)	50
Abb. 6.1	Vorgehen Fallanalyse	52
Abb. 6.2	VENN-Diagramm-Modell.Quelle: Carroll und Buchholtz 2012, S. 180.	56
Abb. 6.3	Stakeholder-Klassifizierung.Quelle: Mitchell et al. 1997.	60

Tabellenverzeichnis

Tab. 2.1 TOP-Unternehmen Geflügelbranche Deutschland 2012. Quelle: Allgemeine Fleischer Zeitung, September, 2012, online unter: http://www.fleischwirtschaft.de/branche/top/epaper/2012/. 20
Tab. 2.2 Bio- vs. konventionelle Tierhaltung. Quelle: www.spiegel.de. 22
Tab. 5.1 Management-orientierte Themen der Case Study 43
Tab. 5.2 Ablauf des Case-Study-Seminars 43
Tab. 6.1 Power/Interest Matrix 60
Tab. 6.2 Power/Predictability Matrix 61
Tab. 7.1 Neuland-Richtlinien. Quelle: http://www.neuland-fleisch.de/landwirte/allgemeine-richtlinien.html.. 65

Einleitung 1

„Der eigentliche Zweck des Lernens ist nicht das Wissen, sondern das Handeln."
Herbert Spencer, engl. Philosoph und Soziologe, 1820–1903

Im Mittelpunkt der Case Study stehen die Gemeinde Soderberg und die beiden Protagonisten: Landwirt Bauck und Landwirt Blecken (vertreten durch das Synonym Berger). Die Gemeinde selbst ist eine fiktive, aber an die Realität angelehnte Gemeinde in Nordniedersachsen. Nordniedersachsen ist aktuell auch als „Hochburg" der Geflügelproduktion bekannt, da sich hier konzentriert viele Geflügelhöfe (sowohl Schlachthöfe als auch Weiterverarbeiter) ansiedeln. Die zwei größten Unternehmen sind die PHW-Gruppe (bekannt durch die Marke „Wiesenhof") und die Rothkötter Unternehmensgruppe. Dieser Wirtschaftszweig wird auch durch die lokale Politik gefördert und ist dadurch weiterhin am Wachsen. In der Region führt dies auch zu Widerständen, von friedlichen Demonstrationen bis hin zu brennenden Höfen (Reuter 2010), da die Öffentlichkeit der Massentierhaltung tendenziell immer kritischer gegenübersteht. Einem solchen Widerstand begegnet auch Landwirt Blecken. Dessen Hof ist ein relativ kleiner, aber wirtschaftlich gut aufgestellter Betrieb. Er produziert Getreide und hält auch Schweine, die mit dem Neuland-Siegel verkauft werden. Als die Tochter des Landwirtes nach abgeschlossenem Studium der Agrarwissenschaften eine Existenzgründung anstrebt, fällt der Gedanke auf einen Hühnermastbetrieb. Nach einem Praktikum im Wiesenhof-Unternehmen sind dafür erste Grundlagen geschaffen und ein starker Partner für die Durchführung gewonnen. Als diese Pläne allerdings der Öffentlichkeit bekannt werden, reagieren die Anwohner neutral bis ablehnend. Den Gemeindemitgliedern wird zum ersten Mal eine grundlegende Problematik bewusst: Zwar möchte man weiterhin Fleisch konsumieren, jedoch scheint dies aus Tier- und Umweltschutzperspektive nicht ohne Abstriche zu funktionieren. Blecken sieht sich mit diesen Bedenken, welche seinen ökonomischen Zielen entgegenstehen, konfrontiert und muss sich nun damit auseinandersetzen. Zudem gibt es noch den Bauckhof: Dieser ist ein in der Gemeinde stets präsentes Paradebeispiel für vorbildliche Tierzucht und -verarbeitung und regt bei vielen Anwohnern den Gedanken erst an, dass es auch anders geht. Muss es immer Massentierhaltungsausmaße annehmen? Kann andererseits durch das Vorgehen vom Bauckhof eine Fleischversorgung, die alle einschließt, überhaupt gewährleistet werden? Welche Verantwortung trägt ein Landwirt gegenüber einer Gesellschaft, die mit Hühnerfleisch versorgt werden möchte?

Besonders zu berücksichtigen ist hier der Hintergrund eines kleinen Unternehmens mit nur geringen Ressourcen und der ganzheitliche Ansatz, den eine nachhaltige Ausrichtung fordert. Die Gemeinde ist durch einen starken Zusammenhalt geprägt und der potenzielle Widerstand gegen den Mastbetrieb kann einen Ausschluss der Familie Blecken aus lang gewachsenen Strukturen bedeuten. Zum einen steht somit die wirtschaftliche Existenz, zum anderen aber auch die soziale Existenz der Familie auf dem Spiel.

Die Case Study ist in drei Kapitel aufgeteilt. Sie ist so konzipiert, dass einige wesentliche Informationen entweder durch eine virtuelle Aufbereitung oder als Textdokument vermittelt werden können, in Abhängigkeit des Seminarformats. Die Anweisungen zum Einsatz der didaktischen Mittel befinden sich in Kap. 5 und Kap. 6. Die Orte, Namen und Gegebenheiten sind zum Teil Fiktion, zum Teil real. Reale Szenarien sind aus der Kooperation mit den zwei Landwirten Bauck und Blecken entstanden und von diesen freigegeben. Weitere Informationen sind aus öffentlich zugänglichen Informationsmedien wie z. B. der lokalen Presse entnommen und durch Fußnoten gekennzeichnet bzw. im Anhang belegt.

In Abschn. 2.1 wird direkt auf die Situation vor Ort eingegangen. Zunächst erfährt der Leser durch einen Auszug aus der Gemeinde-Zeitung (siehe Abb. 2.1), dass der Hof Blecken („Berger") in Mahnen plant, eine konventionelle Hähnchenmastanlage zu bauen und zu betreiben, was in der Gemeinde mit geteilter Meinung aufgenommen wird: Zum einen erhofft man sich wirtschaftliche Vorteile, zum anderen werden aber auch Nachteile durch Lärm- und Geruchsbelästigung erwartet. Ebenso spielt der Tier- und Umweltschutz eine Rolle. Gleichzeitig berichtet die Zeitung über die Vergabe des Awards „Ökohof 2012" an den Landwirt Bauck in Klein Süstedt. Dessen Hof wird seit mehreren Generationen erfolgreich biologisch-dynamisch betrieben. Es werden weitere Informationen zur Gemeinde und den beiden Höfen gegeben.

Danach folgt eine Szene in der örtlichen Kneipe, wo auf Basis dieser Schlagzeilen eine Diskussion darüber entfacht ist, was man in diesem Zusammenhang als unternehmerische Verantwortung bezeichnen kann. Diese Diskussion endet, als die beiden Landwirte an den Stammtisch herantreten, zunächst mit der Ausgangsfrage der Fallstudie: „Welche Verantwortung hat die Geflügelindustrie gegenüber der Gesellschaft und wie kann diese umgesetzt werden?" Ziel von Abschn. 2.1 sind Aktionen: in die Situation hineinspringen, Aufhänger bieten, Brisanz des Falls zeigen, Interesse am Thema wecken.

In Abschn. 2.1.1 bis Abschn. 2.1.3 werden die Protagonisten und das gesellschaftliche Umfeld beschrieben: Wir lernen die beiden Landwirte Bauck und Berger jeweils näher kennen, als auch die Gemeinde Soderberg selbst.

In Abschn. 2.2 steht die Geflügelindustrie im Fokus. Der Markt wird beschrieben, die wesentlichen Rahmenbedingungen genannt und unterschiedliche Herangehensweisen näher beleuchtet. Ziel von Abschnitt 2.2 ist es, Wissen über den Geflügelmarkt zu erarbeiten.

Der letzte Abschn. 2.3 führt den Leser wieder zur Anfangsszene zurück: in die örtliche Kneipe. Nun kommen die beiden Landwirte zu Wort und erklären, warum sie so handeln, wie sie handeln und warum beide der Meinung sind, den „richtigen" Weg zu gehen. Die Bearbeitenden werden mit der Entscheidung alleine gelassen, was die letztendliche „Lösung" darstellt. Mit den kennengelernten theoretischen „Brillen" sollen strategische Ansätze für das zukünftige Verhalten der beiden Landwirte im Unternehmen als auch mit der Gemeinde formuliert und diskutiert werden. Ziel der gesamten Geschichte ist, das vorliegende Dilemma bzw. die Vielschichtigkeit des ethisch/moralischen Konfliktes zu erfassen.

Falldarstellung 2

2.1 Ein Dorf in Aufruhr: Neuigkeiten in Soderberg

In der Gemeinde-Zeitung von Soderberg findet sich der in Abb. 2.1 wiedergegebene Artikel, der darüber berichtet, dass der Hof Blecken („Berger") nun plant, eine konventionelle Hähnchenmastanlage zu bauen.

In Soderberg sind die Projekte der zwei Landwirte bisher nicht bekannt gewesen – umso größer ist an diesem Abend das Interesse an den beiden. Ein paar der Dorfbewohner haben sich zum Feierabendbier in der Kneipe „Pott un' Pann" zusammengefunden und das Gespräch kommt schnell auf die Schlagzeilen aus dem Luheboten.

Hinnark Jülich fängt an:

> „Dunnerlüttchen, wat förn Award hat der lütten Carsten, ne wat förn dollen kraams der wedder macht."

Er ist der einzige im Dorf, der noch Plattdeutsch spricht und stört sich selten daran, dass ihn deswegen kaum jemand so richtig versteht. Rolf Petersen geht daher gleich zum nächsten Thema über:

> „Mit so ner Mastanlagen, das sind ja ziemlich viele Hähnchen, 252.000 im Jahr! Besonders gut für den Boden kann das ja nicht sein", mutmaßt er. „Da kommt einiges an Dreck zusammen, der dann in den Boden sickert. Brauchen wir denn unbedingt so viel Hähnchenfleisch?"

Abb. 2.1 Artikel im Luheboten

2.1 Ein Dorf in Aufruhr: Neuigkeiten in Soderberg

▶ Es gibt derzeit einen Produktionsüberschuss von 10 % an Geflügelfleisch, der exportiert wird. Durch den Hühnermist und die Abwasser von Mastanlagen mit Massentierhaltung wird der Boden, auf dem sie stehen, im Laufe der Zeit so ausgelaugt, dass nach mehreren Jahren Benutzung eine Bewirtschaftung des Bodens oft nicht mehr möglich ist.

„Na sicher, das ist doch so schlecht nicht! Früher war das Fleisch ständig knapp und heute sind wir durch die Technik in der Lage, öfter mal was Nettes auf den Tisch zu bekommen. Vom Gemüse allein wird man nicht groß und stark!"

Rainer Jenfeld ist 1944 geboren und kann sich noch gut an die Zeiten erinnern, als es nicht mal einen Sonntagsbraten gab, weil die Familie das Geld dafür nicht aufbringen konnte. Er ist froh und dankbar, dass er seinen Kindern etwas Besseres bieten kann, und versteht die Aufregung nicht.

▶ Eine ausgewogene Ernährung ist wichtig für die menschliche Gesundheit. In letzter Zeit ist insbesondere das sogenannte rote Fleisch wie etwa Wild, Rind etc. in Verruf geraten, weil es die Fett- und Cholesterinwerte negativ beeinflussen und dies z. B. zu Übergewicht, Gicht und Gefäßerkrankungen führen kann. Das helle Fleisch – Geflügelfleisch – hat diese negativen Auswirkungen laut aktuellem Kenntnisstand nicht. Zudem schließen verschiedene Religionen der Welt, die viele Anhänger haben, den Verzehr von Schweine- oder Rindfleisch aus, während Geflügel aus religiösen Gründen nirgendwo sanktioniert wird (Statista 2012).

„Ach ich weiß nicht, mir gefällt es doch besser, ein Huhn zu kaufen, das vom Nachbarn kommt und vorher putzmunter übers Feld gebürstet ist. Ich würd vielmehr davon kaufen, aber die paar Bauern, die das noch machen, kommen ja nicht mehr hinterher", brummelt Helmut Meyer in sein Feierabendbierchen.

Er hat heute auf dem Bau nur Murks erlebt und eigentlich keine große Lust mehr auf Debatten. Das Einmischen kann er, wie so oft, allerdings trotzdem nicht lassen.

Studien zeigen, dass es in Deutschland eine potenzielle Nachfrage von ca. 20 % für Bio-Fleisch allgemein gibt, der Markt jedoch nur 1 % dieser Nachfrage bedienen kann. Ökologische und artgerechte Fleischproduktion kostet erheblich mehr Zeit als die konventionelle (ein Bio-Huhn lebt doppelt so lange wie ein konventionelles Huhn, d. h. neben der längeren Produktionszeit entstehen auch mehr Haltungs- und Futterkosten). Eine Befriedigung der aktuellen Nachfrage nach Bio-Fleisch ist demnach nicht realisierbar bzw. ist es noch nicht denkbar, die gesamte Fleisch-Nachfrage mit Bio-Produkten zu bedienen (Spiller und Schulze 2008).

„Trotzdem kaufst du halt doch im Supermarkt, und außerdem – wenn's nur das wäre!" sagt Rainer Jenfeld daraufhin. „Heute gibt's immer mehr von den Geringverdienern. Wenn die mit dem Hartz IV haushalten müssen, dann haben die meisten doch gar keine Wahl mehr, ob Bio oder Metzger oder sonst was."

Sein Cousin ist seit drei Monaten auf Arbeitssuche und hofft, einen neuen Job zu finden, bevor auch er das Arbeitslosengeld II beantragen muss. Rainer Jenfeld sorgt sich, der Cousin hat eine dreiköpfige Familie zu ernähren und ist zudem nicht mehr der Jüngste.

„Da ist man ja de facto dazu gezwungen, das Billigste beim Discounter um die Ecke zu nehmen. Die Alternative lautet doch bestenfalls Verzicht! Die großen Mastanlagen können das Ganze wesentlich günstiger anbieten, weil sie mehr produzieren, das wissen wir doch. Ich finde das gut, was der Berger macht. Ich kann mir auch nicht vorstellen, dass der die Tiere schlecht behandelt. Ist doch ein netter Kerl!"

▶ Das Nettodurchschnittseinkommen pro Haushalt lag in Deutschland im Jahr 2008 bei 2700 €/Monat. Davon gibt jeder Haushalt durchschnittlich 1.350 € für Miete und Lebensmittel aus.
  Von den 58,05 € an Ausgaben für Fleisch insgesamt werden 6,01 € für Geflügelfleisch eingesetzt. Mengenmäßig beläuft sich der Konsum für das Jahr 2008 auf 18,3 kg Geflügelfleisch (überwiegend Hähnchen) und mehr als die Hälfte wird in Discountern gekauft (Statistisches Bundesamt 2011).
  Ein Preisvergleich: Bei Edeka kostet ein Kilogramm konventionelles Hähnchenbrustfilet 10,99 €, bei der Bio-Supermarktkette Basic zahlen Kunden für dieselbe Menge Bioware 29,90 € (Marquart und Teevs o. J.).

„Aber fragen tust die Hühner nicht, ob es ihnen gut geht! Die werden an der Brust so dick gefüttert, dass sie irgendwann umfallen und froh sein können, wenn sie noch ans Futter krabbeln können! Das ist doch verantwortungslos!"

Helmut Meyer will das nun nicht auf sich sitzen lassen.

▶ Es werden mittlerweile tatsächlich spezielle Hühnerarten gezüchtet, die an den beliebtesten Stellen wie z. B. der Brust schneller mehr Fleisch

2.1 Ein Dorf in Aufruhr: Neuigkeiten in Soderberg

ansetzen, was sich bei zunehmendem Alter negativ auf die Knochenstabilität und den Herzkreislauf auswirken kann. In der Regel erreichen die Tiere allerdings die Schlachtreife, bevor es zu diesem kritischen Moment kommt.

Schon beteiligen sich weitere Stammtischbesucher am Gespräch – das Thema Fleisch scheint alle zu beschäftigen.

„Und wie sollen es die Bauern dann machen? Sollen sie uns so viel Fleisch geben, wie wir wollen? Oder kaum etwas und dafür die Hühner täglich dreimal streicheln? Ich frage mich ehrlich, was Verantwortung in diesem Fall überhaupt bedeuten soll. Wir sind doch keine kleinen Kinder mehr, denen man Vorschriften beim Essen macht. Verantwortung gegenüber der Umwelt, ok, das sehe ich ein. Und ich habe auch keine Lust, täglich den Gestank zu riechen. Aber das regelt doch eh das Gesetz, was an Emissionen erlaubt ist, meine ich."

Rolf Petersen hat offenbar noch keinen festen Standpunkt zu diesem Thema.

▶ Im Landkreis Stelenberg gibt es sehr viele Auflagen für den Bau einer Hühnermastanlage: Diese Wasser-, bau- und emissionsrechtlichen Auflagen müssen berücksichtig werden. Zusätzlich schalten sich der Fachdienst Umwelt und die Naturschutzbehörde in das Antragsverfahren mit ein.
Der Beschluss wird in jedem Einzelfall detailliert geprüft. In diesem Landkreis hat es bisher noch keinen Bauantrag für eine Hühnermastanlage gegeben; Bauer Berger kann somit nicht auf Erfahrungswerte von früheren Verfahren zurückgreifen[1].

Lutz Heinke, der Jäger von Soderberg, gibt zu bedenken:

---

[1] Dem Landkreis Stelenberg dient hier als reales Vorbild der Landkreis Lüneburg. Die Informationen sind mehreren Gesprächen mit den Verantwortlichen des dortigen Bauamtes entnommen. Im Landkreis Lüneburg gibt es tatsächlich keine Hühnermastanlage in der Größe, wie sie Bauer Blecken plant und somit dem Bundesemissionsschutzgesetz unterstünde und nicht mehr den baurechtlichen Auflagen. Der wesentliche Unterschied ist das strengere Genehmigungsverfahren, das für größere Anlagen insbesondere aus Umweltschutzperspektive erweiterte und angepasste Kriterien überprüft als die Genehmigungsverfahren für Anlagen, die kleiner sind.

„Und irgendwo muss der Laden doch hin, oder? Wem soll man sowas zumuten, wenn du der Meinung bist, dass es generell zumutbar ist? Wahrscheinlich kann man es eh keinem recht machen. Ich möchte da nicht entscheiden müssen. Mal hören, was die beiden zu sagen haben, wenn sie gleich kommen!"

▶ Neben den einschlägigen Anforderungskriterien an den Standort eines Unternehmens (z. B. Infrastruktur, Nähe zum Absatzmarkt, Nähe zum Einkaufsmarkt, formale Rahmenbedingungen des Landes etc.) können auch ökologische und soziale Faktoren relevant sein. Der Fall Fraport in Hessen zeigt, wie Anwohner Einfluss auf Bauvorhaben ausüben können[2].

Am Stammtisch wird aufgeblickt, als zunächst Carsten Bauck die Kneipe betritt und kurz darauf auch Peter Berger hineinkommt. Beide begrüßen sich kurz an der Garderobe und bestellen sich auf dem Weg zum Stammtisch ein Bier am Tresen. Als sich beide gesetzt und in die Runde gegrüßt haben, werden auch schon die ersten Fragen gestellt.

Carsten Bauck erklärt seine Sicht der Dinge:

„Für mich ist es wichtig, den Grund und Boden auf dem wir arbeiten, den wir von den Generationen vor uns übergeben bekommen haben, in mindestens gleicher Qualität, in gleicher Art und Weise, wieder an die nächste Generation weiterreichen zu können. Das heißt, dass wir die Verantwortung, die wir übertragen bekommen haben, die Flächen, den Wald und die Gebäude, in einer Art und Weise nutzen, dass wir weder den Boden noch die Tiere noch die Mitarbeiter ausbeuten."

▶ Carsten Bauck sieht es sogar noch drastischer, auch wenn er es in der Runde so nicht sagt: Durch die Bewirtschaftung wird dem Boden in aller Regel Energie entzogen, was auf Kosten seiner Stabilität und der Wuchsfreudigkeit geht. Die heute durch die Landwirtschaft stattfindende Zerstörung der Ressource Boden nimmt noch nie dagewesene Ausmaße an[3].

---

[2] Vgl. Homepage der Bürgerinitiative Flughafen: http://www.flughafen-bi.de/, eine Übersicht der Bürgerinitiativen in Deutschland findet sich unter: http://www.buergerinitiative.de.
[3] Informationen aus einem Interview mit Carsten Bauck.

2.1 Ein Dorf in Aufruhr: Neuigkeiten in Soderberg

Peter Berger fällt ihm ins Wort:

„Na, das ist ebenso mein Anliegen! Ich habe die Felder und Acker geerbt, die mein Uropa urbar gemacht hat. Das ist nicht nur Brotverdienst, das ist mir eine Herzensangelegenheit."

Die Leute nicken teilweise, sie kennen die Bergers und deren alte Geschichte.

„Was machst du denn so anders, Carsten?", fragt Lutz Heinke geradeheraus.

„Naja, wir betreiben z. B. sehr nachhaltigen Waldbau, so dass der über Generationen wieder aufgebaut wird. Im Krieg wurde ja viel Wald zerstört. Wir betreiben keine Monokultur, wir bauen Wald über mehrere Generationen wieder auf."

„Das hat aber nichts mit den Hühnern zu tun ... "

„Nein, aber es zeigt unsere Verbundenheit zur Natur und zur Schöpfung. Außerdem arbeiten wir mit ökologischen Ethikbanken zusammen und versuchen schon, uns in den Bereichen, in denen wir es beeinflussen können, so aufzustellen, dass auch dort nicht ganz so viele Fußspuren in der Geschichte von uns zurückbleiben. Wenn wir Farbe kaufen, kaufen wir die von der Firma Livos ein, der Tisch ist aus nachhaltigem Holz, in einer deutschen Tischlerei hergestellt, die Stühle sind mit ökologischer Wolle bezogen und so weiter. Leider haben wir teilweise noch Plastikboden drin, den haben wir so übernommen, der andere Boden ist finnische Kiefer. In dem Moment wo wir investieren, versuchen wir auch, echte Nachhaltigkeit einzubauen."

▶ Schwierigkeiten gibt es natürlich auch beim Bauckhof. Die biologisch-dynamische Landwirtschaft[4] steht unter einem enormen Preisdruck. Um eine dieser Wirtschaftsweise entsprechende Qualität erzeugen zu können, bedarf es einer Kundschaft, die diese Art der nachhaltigen Landwirtschaft durch ihr Konsumverhalten unterstützt[5].

„Das hat aber immer noch nichts mit Hühnern zu tun", Rolf Petersen bleibt hartnäckig, „gut finde ich das schon, aber deine Ware ist auch ziemlich teuer und man muss im Voraus bestellen. Erstens kann dein ganzheitliches Konzept gar nicht jeder Bauer umsetzen und zweitens hätten wir damit nur viermal im Jahr Fleisch im Topf!"

---

[4] Biologisch-dynamische Produkte werden nach anthroposophischen und wissenschaftlichen Menschen- und Naturerkenntnissen hergestellt. Diese Methode der Landwirtschaft basiert im Wesentlichen auf den Impulsvorträgen "Geisteswissenschaftliche Grundlagen zum Gedeihen der Landwirtschaft" von Rudolf Steiner.

[5] Informationen aus einem Interview mit Carsten Bauck.

Am Tisch wird verhalten, aber zustimmend gemurmelt.
Landwirt Berger sagt dazu:

„Die Geflügelproduktion sollte doch lieber in bäuerlicher, familiärer Hand erfolgen. Anderenfalls wird sie in Ballungszentren von industriellen Betrieben durchgeführt oder ins Ausland verlagert. Wir wollen im Landkreis volle Fleischtheken, aber die kleinen Nebeneffekte wie Geruch und Mist sollen andere vor ihrer Haustür haben." (Lüneburger Landeszeitung, 11/12.9.2010, Nr. 212, S. 11.)
„Kleine Nebeneffekte?"

Helmut Meyer ist nun schon etwas erbost. Wer auf dem Bau arbeitet, kommt rum in der Gegend und er hatte mal einen Auftrag in unmittelbarer Nähe eines Maststalls, das war definitiv unerträglich.

„Und was ist mit der möglichen Grundwasserverschmutzung durch den Kot? Und die LKWs, die zum Transport hier reinrollen? Wir haben schon ausreichend Verkehr hier!"
„Zwei Lkw mehr oder weniger machen den Bock auch nicht fett! Wir haben uns das ganz gut überlegt mit der großen Anlage."

Peter Berger liegt noch etwas auf dem Herzen:

„Unsere Jüngste, die Stefanie, die kennt ihr ja – die hat Agrarwirtschaft studiert und schon immer auf dem Hof geholfen. Sie kennt sich also aus und weiß, was auf sie zukommt. Mittlerweile ist das Studium vorbei, sie hat das super abgeschlossen und sucht nun natürlich einen Job, der ihr Spaß macht. Bei dem Riesenkonzern bei Bremen hat sie außerdem schon ein Praktikum gemacht, da ging es nur um Geflügel. Sie konnte in alle Abteilungen hineinschnuppern und die Philosophie des Unternehmens hat ihr auch zugesagt. Der Geschäftsführer hat ihr, weil sie sich gut gemacht hat, angeboten einen Vertrag als Mästerin mit ihr abzuschließen. Das bedeutet, dass die Stefanie sich eine eigene Existenz aufbauen kann und sofort selbstständig ist, in einem Bereich, für den sie qualifiziert ist und der sie interessiert. Uns als Eltern freut das natürlich ungemein, die Jüngste versorgt zu wissen."

Rainer Jenfeld kann das nachvollziehen, aber:

„Kann sie denn nicht was anderes machen?"
„Wenn sie das nicht machen kann, muss sie sich ganz neu orientieren. Nun gut, die Investition ist erst einmal notwendig, aber die Mastanlage wirft auch eine ordentliche

Rendite ab. Sie ist außerdem relativ klein, die beiden Ställe mit je 42.000 Tieren – das ist noch die Untergrenze. Die kann sie auch als Frau gut selbst bewirtschaften, die körperliche Arbeit ist nicht so schwer."

Carsten Bauck will jetzt noch konkret wissen:

> „Wie läuft das mit der Haltung? Die Bilder, die man so in den Medien sieht, sprechen nicht gerade für ein glückliches Hühnerleben!"

Auf der anderen Seite des Tisches wird laut gemurmelt und als die Kellnerin Barbara Scheuner die nächste Runde bringt, setzt sie sich kurz dazu, um etwas vom Gespräch mitzubekommen. Sie kennt die Neuigkeiten und hat eine klare Meinung – sie ist seit mehreren Jahren im Tierschutz aktiv und hat bereits mehrere Demonstrationen organisiert.

Peter Berger fährt fort:

> „Die Tiere haben es gut in der Versorgung. Wenn man ein geschultes Auge hat, sieht man, wo es einem nicht so gut geht. Die Kontrollen darf man natürlich nicht vernachlässigen. Der Gesetzgeber selbst hält die Anlagen für in Ordnung und wir befolgen natürlich alle Auflagen, die es gibt. Der Markt ist da und wächst und wächst – warum sollen wir das nicht machen?"

Er weiß natürlich auch um die Kritik an den Massentieranlagen, findet aber, dass man das differenzierter betrachten sollte:

> „Die Medien bauschen die 1–2 % schwarzen Schafe doch unnötig auf. Wenn man Tiere quält, dann sterben die doch – das kann sich kein Landwirt lange leisten! Anständige Tierhaltung ist auch vom Halter abhängig. Ich weiß schon sehr genau, wie artgerechte Haltung aussieht, schließlich haben wir seit einiger Zeit auch Schweine, die wir nach den Neuland-Richtlinien halten!"

Er ist jetzt seit über 30 Jahren auf dem Hof seiner Eltern als eigenständiger Landwirt tätig und möchte deutlich machen, dass er etwas von seinem Fach versteht. Außerdem:

> „Wenn der Lutz einen Hirsch abschießt und den nicht gleich findet, stirbt der leidend im Wald, das ist demnach auch Tierquälerei!"

Das Gemurmel wird lauter und Barbara Scheuner ruft schließlich:

> „Das ist doch was ganz anderes! Bei der Massentierhaltung läuft doch das ganze System falsch ... Peter, ich kann das nicht mit ansehen. Wenn du das wirklich durchziehen willst, trommle ich ein paar Leute zusammen und gründe eine Bürgerinitiative gegen dein Vorhaben. Der Entscheid steht schließlich noch aus – da können wir sicherlich gegen an!"

Lutz Heinke ist dabei:

> „Genau! Von wegen Tierquälerei – ich schlage ja keinen Profit aus dem Leid der Tiere!"

Auch Helmut Meyer hat sich inzwischen mit den anderen in Rage geredet und poltert los:

> „Wir werden schon noch sehen, wer hier was bauen wird! Da haben wir wohl alle noch ein Wörtchen mitzureden!"

Er wirft ein paar Münzen auf den Tisch und verlässt die Kneipe. Die Stimmung ist gekippt, alle nehmen jetzt nach und nach ihre Jacken und gehen, nur Carsten Bauck schüttelt dem Kollegen noch die Hand, bevor er die Runde verlässt.

2.1.1 Soderberg und seine Einwohner

> Wie fruchtbar ist der kleinste Kreis, wenn man ihn wohl zu pflegen weiß.
> (Johann Wolfgang von Goethe)

Am westlichsten Zipfel im Landkreis Stelenberg liegt die Gemeinde Soderberg[6], rund 25 km in jeder Himmelsrichtung von nächstgrößeren Städten entfernt. In den fünf Dörfern, die zur Gemeinde gehören, leben zurzeit rund 1.500 Einwohner – davon etwa 600 im Hauptort Soderberg. Durch die Nähe zu größeren Städten ist der Pendelverkehr relativ groß; außerdem gibt es in der Gemeinde noch Handwerks- und Landwirtschaftsbetriebe, sodass die Arbeitslosigkeit äußerst gering ist. Das Problem der Landflucht, wie es andere ländliche Regionen kennen, trat bisher nicht auf und viele Familien leben hier seit mehreren Generationen. In den letzten Jahren erhielt die Gemeinde aufgrund der Lage sogar vermehrt

---

[6] Vgl. Landkarte der Gemeinde im Anhang.

Neuzugänge: Vor zehn Jahren wurden zum ersten Mal Acker für den Hausbau freigegeben und es entstanden seit dem rund 100 neue Baugrundstücke, die weitestgehend schon bebaut wurden. Dies führte mit der Zeit zur Erweiterung der ortseigenen Grundschule, und der Bäcker, als einziger Kaufmann der Gemeinde, ergänzte sein Sortiment sukzessive um Lebensmittel sowie Waren des täglichen Bedarfs.

Der gesellschaftliche Umgang ist geprägt von einem starken Zusammenhalt und freundschaftlicher Hilfsbereitschaft. Ein Mitglied im hiesigen Schützenverein zu sein ist zwar kein Muss; es ist aber fast unmöglich, sich einer der vielen Aktivitäten in der Gemeinde zu entziehen. Auch wenn das Leben scheinbar noch von den Männern geprägt ist – mit der Freiwilligen Feuerwehr, aus der Frauen explizit ausgeschlossen sind, dem Sportverein, der als „Männerturnverein (MTV)" gegründet wurde oder auch den jährlichen Umzügen der Pfingstochsen und Faslamsbrüder – wird der soziale Zusammenhalt stark von den Frauen gefördert. Neben den "Lustigen Landfrauen", die in altertümlichen Trachten auf den umliegenden Dorffesten traditionelle Tänze aufführen, organisieren die Frauen der Gemeinde Wanderausflüge, Spendenaktionen und engagieren sich in verschiedenen Projekten der evangelischen Kirche wie z. B. dem wöchentlichen Tanztee für Senioren.

In der Kneipe Pott un' Pann finden sich die Einwohner aus der Gemeinde Soderberg gerne mal zum Kaffee oder Imbiss ein. Durch das rege Gemeindeleben wird es selten langweilig und in den Räumlichkeiten hinter der Kneipe wurde auch schon der ein oder andere Polterabend gefeiert. Ein Aufeinandertreffen ist unter den Einwohnern daher eigentlich unvermeidlich.

2.1.2 Hof Berger

Der Hof Berger in Mahnen existiert seit vier Generationen. Ein paar Jahre vor dem Zweiten Weltkrieg, um 1930, haben die Urgroßeltern von Peter Berger den Hof gegründet. Seitdem liegt der Schwerpunkt hier auf dem Ackerbau: Auf mittlerweile 250 ha werden Getreide, Raps, Kartoffeln und Zuckerrüben angebaut. Die Familie ist sehr aktiv im Gemeindeleben und bisher gab es weder Beschwerden noch Streitigkeiten.

Vor 20 Jahren kamen dann zum ersten Mal auch Tiere mit auf den Hof. Der Weg dahin war eher zufällig: Auf dem Hof befand sich ein altes, noch ungenutztes Gebäude. Aufgrund der alten Beschaffenheit der Ställe bot sich hier eine Haltung nach Neuland-Richtlinien an:

„Mein Schwager hatte sich damit schon beschäftigt und ebenfalls Tiere für Neuland-Fleisch gehalten", erklärt Frau Berger, „daher ergab sich die Idee – der Altbau erfüllte ohne viel Umbauaufwand die Richtlinien für artgerechte Haltung. Also führen wir jetzt 108 Schweine, die Tiere sind so etwas wie mein Steckenpferd geworden."

Zu den Schweinen gesellen sich noch 105 Rinder und natürlich der Nachwuchs, der dazukommt. Allerdings soll dieser Bereich nicht weiter ausgebaut werden. Die Arbeit auf dem Hof soll weiterhin durch die Eheleute und einen festen Mitarbeiter zu schaffen sein. Nur im Sommer zu den Erntezeiten werden schon einmal Saisonarbeiter eingestellt.

Die beiden Kinder sind mittlerweile erwachsen und die Tochter Stefanie ist bereit, in die Fußstapfen der Eltern zu treten. Allerdings liegt ihr Interessengebiet in der Geflügelmast. In einem größeren Unternehmen aus der Branche hat sie bereits ein Praktikum gemacht, das sie in dem Vorhaben bestärkt hat, eine eigene Mastanlage zu bewirtschaften. Die Arbeit kann aufgrund der Automatisierung relativ leicht von einer Person durchgeführt werden, schwere körperliche Arbeiten kämen hier nicht auf sie zu. In der Nähe der Eltern könnte sie zudem jederzeit Ratschläge einholen und sich in Notfällen auf deren Hilfe verlassen.

2.1.3 Der Bauckhof

Eduard „Opa" Bauck stellte 1932 seinen Betrieb auf die biologisch-dynamische Wirtschaftsweise um, lange bevor die Begriffe Öko und Bio geprägt wurden. Heute leben und arbeiten in der Lüneburger Heide drei Bauck-Generationen auf mittlerweile drei Bauckhöfen.

Aus der landwirtschaftlichen Uridee entwickelten sich in den 1960er-Jahren mit dem Einstieg der fünf Kinder mehrere Projekte mit dem Projektpartner Demeter (www.demeter.de), einem Verband, dessen anthroposophische Einstellung die Baucks teilen und der als Markenzeichen für biologisch-dynamische Produkte[7] fungiert. Alle drei Höfe wirtschaften nach diesem Konzept. Neben der Landwirtschaft sind bis heute noch eine sozialtherapeutische Einrichtung, eine Pension, eine Bäckerei, eine Molkerei, drei Hofläden, Landschaftspflege, Forschung, eine Windmühle und eine Pflanzenkläranlage dazugekommen – zusätzlich werden mit Waldorf-Schulklassen Landbaupraktika durchgeführt.

---

[7] Biologisch-dynamische Produkte werden nach anthroposophischen und wissenschaftlichen Menschen- und Naturerkenntnissen hergestellt. Diese Methode der Landwirtschaft basiert im Wesentlichen auf den Impulsvorträgen "Geisteswissenschaftliche Grundlagen zum Gedeihen der Landwirtschaft" von Rudolf Steiner.

Der Bauckhof in Klein Süstedt ist eine Besonderheit in der Unternehmenslandschaft: Er und die übrigen zwei Höfe wurden 1969 aus Privateigentum in Eigentum der gemeinnützigen Landbauforschungsgesellschaft überführt. So können sie nicht mehr vererbt und nicht mehr verkauft werden. Damit ist für die Zukunft gesichert, dass auf den Bauckhöfen biologisch-dynamisch gearbeitet wird und viele Menschen neben den Familienmitgliedern verantwortlich tätig werden können.

Der Bauckhof ist wesentlich größer als der Hof Berger: 2012 arbeiteten 34 Personen auf dem Bauckhof; zusätzlich wird jedes Jahr mindestens ein Auszubildender eingestellt und es gibt viele Möglichkeiten für Praktika. Durch das Konzept der eigenen Energieversorgung – Windenergie, Sonnenkraft, Photovoltaik, Hackschnitzelheizung, Verbundkühlsystem mit Wärmerückgewinnung – wird seit 1992 mehr Energie produziert als verbraucht. Zwei Jahre zuvor wurde vor Ort eine von der Stilllegung bedrohte Immobilie übernommen und zur bundesweit einzigen von Demeter und Bioland zertifizierten Geflügelschlachterei ausgebaut. Den gesamten Weg von der Mast, über die Aufzucht bis hin zum fertigen Produkt durchläuft das Tier auf dem Bauckhof, im Gegensatz zu den meisten größeren Anlagen, die das Mästen übernehmen und die Tiere bei Schlachtreife von der Schlachterei abholen lassen bzw. dorthin transportieren.

Zu den direkten Anwohnern in Klein Süstedt, aber auch den übrigen Gemeindemitgliedern, besteht ein freundliches Verhältnis. Viele haben den Hof schon einmal besichtigt und kaufen z. T. im Hofladen ein, der an zwei Tagen die Woche geöffnet hat und unter anderem frisches Fleisch anbietet.

2.2 Ein Hühnerleben!

„Ich wollt, ich wär ein Huhn, ich hätt nicht viel zu tun, ich legte vormittags ein Ei und abends wär ich frei!" (Soundtrack Glückskinder, 1936)

2.2.1 Konsum von Geflügelfleisch

Geflügel gilt als gesundes Fleisch. Insbesondere in den westlichen Industrienationen wird zunehmend helles Fleisch konsumiert, das im Vergleich zum roten – wie Rind und Wild – besonders fettarm ist[8]. Auch wenn es nicht eindeutig medizinisch

---

[8]Zum Vergleich: Hühnerbrust enthält 60 mg Cholesterin und 0,9 gr/100gr. Fett. Ein Rindersteak oder Schweinekotelett hat den gleichen Cholesteringehalt, aber 15,2 beziehungsweise 13 gr Fett/100gr.

nachgewiesen ist, soll der Austausch anderer Fleischsorten durch Geflügel helfen, das Risiko von z. B. Herz-Kreislauferkrankungen und Gicht zu senken. Von der medizinischen Warte abgesehen, gilt Geflügelfleisch insbesondere in der kalorienbewussten Küche als „schick" und wird in vielen Diäten eingesetzt.

Auch in verschiedenen Religionen ist Geflügel gern gesehen, im Gegensatz zum Rind bzw. zur Kuh, die z. B. in Indien als heilig gilt und daher nicht verzehrt wird. Schweinefleisch ist gleich in mehreren Religionen ausgeschlossen: im Judentum, im Islam und bei einigen christlichen Konfessionen wie z. B. den Siebenten-Tags-Adventisten.

Der Beitrag zum Treibhauseffekt, den die Rinderzucht durch ihren hohen Methanausstoß leistet, ist ein weiterer Grund, den Konsum dieser Fleischsorte zumindest stark zu reduzieren. Vieles spricht also für das Geflügel – gesünder, religiös unbedenklich, klimafreundlich. Diese Argumente spiegeln sich auch in Angebot und Nachfrage wider. In den vergangenen zehn Jahren ist in Deutschland der Geflügelverbrauch pro Kopf um 40 % gestiegen (Abb. 2.2).

Der Konsum von Geflügel am gesamten Fleischkonsum betrug im Jahre 2013 einen Anteil von knapp 20 % (11,6 kg von insgesamt 60,3 kg) und steht an zweiter Stelle nach dem Schweinefleisch (Statista 2015) (siehe Abb. 2.3).

Dabei ist Geflügelkauf nicht gleich Geflügelkauf: Die einzelnen Fleischteile erfreuen sich beim Verzehr unterschiedlicher Beliebtheit. Eindeutig bevorzugt werden in Deutschland dabei die Bruststücke, das Schnitzel und Filet sowie die

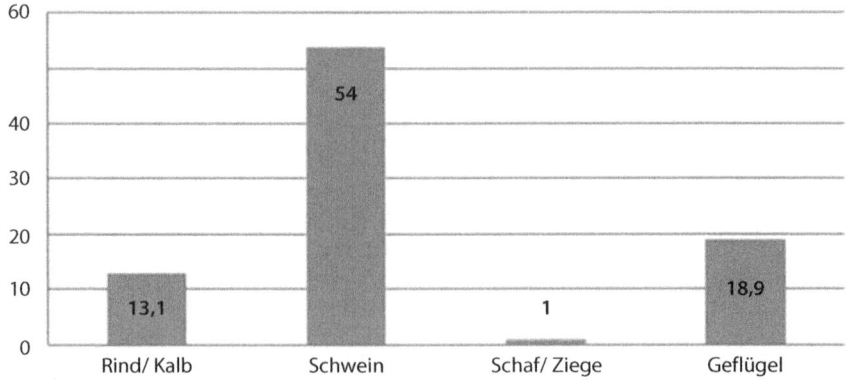

Abb. 2.2 Pro-Kopf-Verbrauch Geflügelfleisch.Quelle: Marktinfo Eier & Geflügel 2012.

2.2 Ein Hühnerleben!

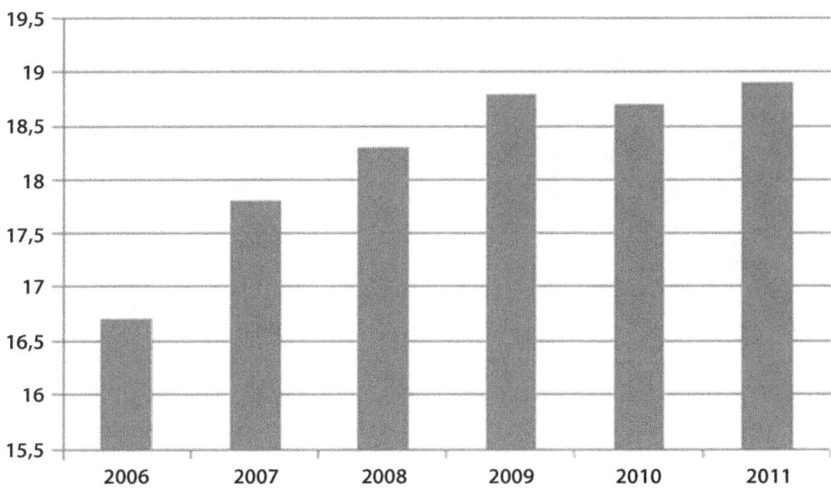

Abb. 2.3 Pro-Kopf-Verbrauch Fleisch insgesamt.Quelle: Marktinfo Eier & Geflügel 2012.

Schenkel, wie man am Beispiel des Hähnchenfleisches deutlich erkennt (Abb. 2.4). Gekauft wird zwar noch überwiegend bei den großen Discountern, die Verkaufszahlen im Discountbereich stagnieren jedoch seit Mitte 2010.

Global gesehen wird Schätzungen zufolge der Konsum von Geflügelfleisch den Konsum von Schweinefleisch in den nächsten zehn Jahren übertreffen. Einer der Hauptgründe dafür ist der steigende Fleischkonsum islamischer Länder, in denen Schweinefleisch aus religiösen Gründen tabu ist.

2.2.2 Preisgefüge und Produktivität

Der Geflügelmarkt gilt als hart umkämpft und gerade in Deutschland gibt es einige wenige Konzerne, die diesen unter sich aufteilen (Tab. 2.1).

Konsequenz des starken Wettbewerbs ist die Entstehung von mehr Mastanlagen und damit einer erhöhten Produktion von Geflügelfleisch. Mittlerweile werden ca. 7 % Überschuss produziert und dennoch wird Geflügelfleisch nicht nur exportiert, sondern auch importiert. Dies liegt insbesondere an den oben genannten Zahlen:

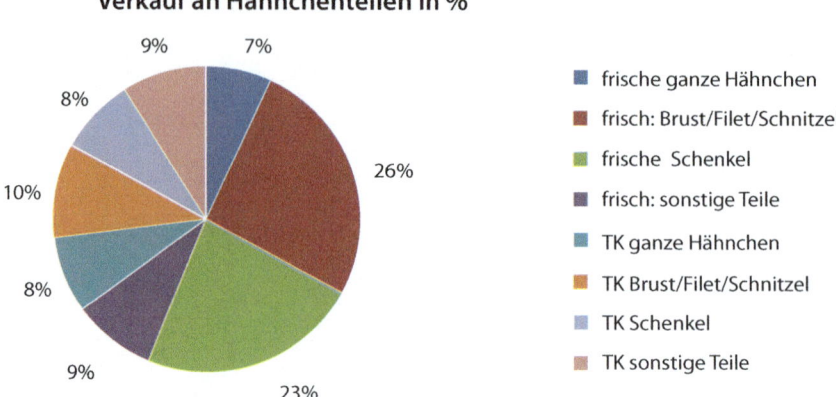

Abb. 2.4 Haushaltseinkäufe von Hähnchenfleisch

Tab. 2.1 TOP-Unternehmen Geflügelbranche Deutschland 2012. Quelle: Allgemeine Fleischer Zeitung, September, 2012, online unter: http://www.fleischwirtschaft.de/branche/top/epaper/2012/.

	Unternehmen	Umsatz in Mio. €	Umsatz in Mio. €
		2010	2011
1	PHW Gruppe	2.095,80	2.227,60
2	Rothkötter Gruppe	670	800
3	Sprehe-Gruppe	720	730
4	Heidemark	500	600
5	Plukon Food Group Deutschland	nicht erfasst	540
6	Velisco	250	250
7	Nölke-Gruppe	231	224
8	Vossko Tiefkühlkost	120	129
9	Borgmeier	92	105
10	Gut Bergmark	60	60

2.2 Ein Hühnerleben!

Bestimmte Teile des Tieres werden in Deutschland bevorzugt gekauft, Teile wie z. B. die Füße oder die Innereien dagegen kaum. Diese werden in der Regel an das Ausland verkauft und entweder nach Südafrika oder Asien verschifft. Aus makroökonomischer Sicht besteht ein Außenschutz lediglich durch Einfuhrbeschränkungen (Zölle) für Länder außerhalb der Europäischen Union und Exportsubventionen (Erstattungen) für EU-Unternehmen.

Weltweit wurden im Jahr 2008 rund 90 Mio. t Hähnchen verspeist (Food and Agriculture Organization of the United Nations (FAO) 2010; S. 26). Zudem wird das Fleisch immer günstiger in Bezug auf die reale Kaufkraft: Musste der Verbraucher in den 1960er-Jahren noch 2 Stunden für 1 kg Brathähnchen arbeiten, so sind es heute nur noch 13 Minuten (http://www.bmt-tierschutz.de/index.php?Seite=110).

Nach Angaben der Food and Agriculture Organization of the United Nations (FAO) befinden sich 71 % der weltweiten Geflügelproduktion in der Hand von Großunternehmen (BRF Brasil Foods SA, Tyson Foods, Inc., Pilgrim's Pride Corp., Perdue Farms und Sanderson Farms) (Food and Agriculture Organization of the United Nations (FAO) 2010). In Deutschland beliefern 5 Unternehmen 97 % des nationalen Marktes (PHW Gruppe mit 2.227,6 Mio. €, Rothkötter Gruppe mit 800 Mio. €, Sprehe-Gruppe mit 730 Mio. €, Heidemark 600 Mio. € und Plukon Food Group Deutschland mit 540 Mio. €) (http://www.lebensmittelzeitung.net/business/daten-fakten/rankings/Top-10-Anbieter-von-Gefluegel-2012_333.html#ranking-Table). Entscheidende Produktionsbereiche wie die Kükenzucht, Futterproduktion, Schlachtung und Fleischverarbeitung sind im Besitz dieser Konzerne. Die Mast hingegen ist auf einzelne Landwirte ausgelagert, die als "selbstständige Mäster" ihr unternehmerisches Risiko alleine tragen, so z. B. bei Krankheiten und einem daraus eventuell resultierenden Verlust des ganzen Bestandes.

Arbeitsplätze entstehen bei der konventionellen Form der Tierhaltung kaum. Personal wird lediglich zum Ein- und Ausstallen der Tiere sowie zur Überwachung der Automatisierungstechnik der Stallanlagen benötigt. Das Ausstallen der Tiere erfolgt unter hohem Zeitdruck und führt bei den Tieren häufig zu schweren Verletzungen bis hin zu Knochenbrüchen. Für ein Kilogramm Masthähnchen erhält der Mäster etwa 64 Cent, im Einkauf kostet ein Küken ca. 30 Cent. Hinzu kommen die Kosten für Futter, Wasser, Strom, Heizung etc. Ein weiterer Vorteil der Auslagerung der Mast: Ein einzelner Landwirt kommt leichter in den Besitz einer Baugenehmigung für eine Produktionshalle auf dem "flachen Land" als ein Agrarkonzern (vgl. http://www.bmt-tierschutz.de/index.php?Seite=110).

2.2.3 Bio vs. Konventionell

Die durchschnittlichen Zahlen beider Varianten landwirtschaftlicher Haltung sind in Tab. 2.2 aufgelistet[9]:

Beide Formen der Geflügelproduktion haben ihre Abnehmer. Obwohl der konventionelle Bereich noch den weitaus größeren Anteil ausmacht, erfährt der Bio-Sektor ein stetiges Wachstum. Daneben haben sich Lösungsansätze entwickelt, die einen „Zwischenweg" darstellen: die „Neuland GmbH" verfolgt keinen direkt ökologischen Ansatz, sondern hat zum Ziel, eine soziale, qualitätsorientierte, tiergerechte und umweltschonende Tierhaltung mit hoher Glaubwürdigkeit und Transparenz auf bäuerlichen Betrieben zu praktizieren (s. http://www.neuland-fleisch.de/verein/geschichte.html). In der Regel zieht dieser Ansatz jedoch eine ökologische Orientierung nach sich. Die Tendenz zeigt, dass viele den Ansatz von Neuland als „weichen" Übergang zur Öko-Produktion nutzen. Da die meisten Voraussetzungen für die ökologische Produktion durch die Neuland-Richtlinien bereits erfüllt werden und ein regelmäßiges Einkommen zu erwarten ist, handelt es sich dabei um eine interessante Möglichkeit, da nicht wie bei der sofortigen Umstellung auf ökologische Produktion und ökologischen Anbau mit einer Übergangszeit von ca. 12 bis 36 Monaten kalkuliert werden muss. Abb. 2.5 zeigt die Unterschiede von Neuland-Richtlinie und der EG-Öko-Verordnung für Mastgeflügel:

Tab. 2.2 Bio- vs. konventionelle Tierhaltung. Quelle: www.spiegel.de.

	Konventioneller Hof	Bio-Hof
Anzahl Tiere im Betrieb	37.550	11.000
Zahl der Tiere pro Stall	37.550	3.000
Tage bis zur Schlachtung	30-42	70
Gewicht bei Schlachtung	1,6 und 2,5 kg	2,5 kg
Tiere pro Quadratmeter im Stall	15	4
Erzeugungskosten pro Tier	1,85 €	7 €
Verkaufspreis je Tier	2,10 €	7,50 €
Entfernung zum Schlachthof	100 km	50–150 km
Bewirtschaftete Fläche	220 Hektar	43 Hektar

---

[9] S. auch Anhang 2 „Vergleich konventionelle und ökologische Landwirtschaft".

2.2 Ein Hühnerleben!

	EG-Öko-Verordnung	Neuland-Richtlinie
Anzahl	• Max. 4800 Hühner/Stall • Mindestschlachtalter 81 Tage • Erzeuger, die das Mindestschlachtalter nicht einhalten, müssen auf langsam wachsende Rassen zurückgreifen	• 6.000 Mastplätze (entspricht Jahresproduktion von 30.000 Hähnchen)
Platzverhältnis	• 21 kg beziehungsweise 10 Tiere/qm	• 21 kg beziehungsweise 10 Tiere/qm
Stallverhältnis	• Käfighaltung ist verboten	• Sandbaden möglich • Ausreichende Fläche, die ein gleichzeitiges Ruhen für alle Tiere ermöglicht
Auslauf	• ständiger Auslauf 4 qm/Tier (wenn die klimatischen Bedingungen dies erlauben)	• ganzjähriger Auslauf 4 qm/Tier • Nachtruhe von 8 Stunden
Tierhaltung	• Die Besatzdichte in Stallgebäuden muss den Tieren Komfort und Wohlbefinden gewährleisten. Natürliches Stehen, bequemes Abliegen, Umbrehen, Putzen, das Einnehmen aller natürlichen Stellungen und die Ausführung aller natürlichen Bewegungen wie Strecken und Flügelschlagen müssen sichergestellt sein.	• Trockenes Stroh als Einstreu zum Scharren und Picken • Das Kupieren von Körpergewebe ist verboten • Tierwidrige Haltungsformen (zum Beispiel kastenstand, Käfighaltung, Vollspaltenböden etc.) sind in keinem Betriebszweig und zu keiner Zeit erlaubt
Zusätze		• Transport bis zum nächsten Schlachthof max. 4 Stunden • Verbot von Antibiotika und anderen Leistungsförderern • Nur heimische Futtermittel sind erlaubt, um den Futtermittelimport auszuschließen • Tierische Futtermittel wie Fisch- oder Tiermehl sind verboten

Abb. 2.5 Unterschiede der Neuland-Richtlinien und der EG-Öko-Verordnung für Mastgeflügel

Beide Haltungsformen haben eine Gemeinsamkeit: Die männlichen Tiere werden nicht im gleichen Verhältnis benötigt wie die weiblichen. Die verschiedenen Gattungen sind für spezielle „Aufgaben" herangezüchtet: Für die Eierproduktion werden spezielle Legehennen gezüchtet, deren männliche Tiere nicht verwertbar sind. Da sie kein Fleisch liefern, welches sich gut verkaufen ließe, werden sie kurz nach dem Schlüpfen entsorgt. Das Fleisch der Legehennen wird nach der Eierproduktionszeit weiter verwertet (häufig als Suppenhuhn). In der Mast werden Tiere beider Geschlechter (Hähnchen oder auch Broiler) für die Fleischproduktion eingesetzt.

2.2.4 Nachfrage und Angebot

Es lässt sich ein Umbruch in der zuvor streng konventionellen Geflügelindustrie hin zur Bio-Ware beobachten: Große Unternehmen wie z. B. Wiesenhof erweitern ihr Sortiment um Bio-Geflügel, da sie die steigende Nachfrage nach Bio-Produkten bedienen möchten. Auch führen große Discounter mittlerweile Bio-Geflügelfleisch in ihrem Sortiment.

Auf der Konsumseite gibt es also für beide Wege, aber auch für die Zwischenlösung eine Nachfrage – ob Neulandfleisch oder konventionell, oder (teilweise qualitativ sehr unterschiedliches) Bio-Fleisch. Verschiedene Label und Herstellerangaben sollen den Konsumenten dabei die jeweilige Qualität signalisieren. Jedoch gibt es von diesen Labeln und Etikettierungen mittlerweile so viele, dass es im Alltag eine Herausforderung sein kann, das gewünschte Produkt zu finden[10].

Weiterhin gibt es diverse Zusatzangaben der Hersteller wie etwa „Kontrollierter Anbau" oder „Kontrollierte Qualität", welche jedoch nicht auf Bio- oder ökologische Produkte hindeuten müssen. Grundsätzlich ist in der Lebensmittelbranche jedes Produkt in einem kontrollierten Prozess entstanden. In diesem „Label-Wald" intransparenter Angaben besteht die Gefahr, dass der Verbraucher nicht mehr erkennen kann, ob es sich tatsächlich um Bio-Ware handelt, da die Information zweideutig gewertet werden kann[11] – zumal die Etikettierung oft mit grünen Wiesen und einzelnen freilaufenden, somit scheinbar glücklichen Tieren, einen sehr idyllischen Eindruck vermittelt.

---

[10] Einen guten Überblick hierzu liefert die Webseite "Label" unter http://www.label-online.de.

[11] Eine Aufstellung der häufigsten Angaben mit der entsprechenden Bezeichnung aus der ökologischen Perspektive bietet die Homepage „ Alles Öko" unter: http://www.allesoeko.net/htm/04kennzeichnung/oeko_fallen.htm, zum Problem siehe auch: http://www.focus.de/kultur/medien/werbung-kontrollierte-irrefuehrung_aid_143905.html.

Als ein sehr gut gelungenes Beispiel informativer Aufklärung hingegen gilt die Aktion „Kein Ei mit der Drei". Seit dem 1. Januar 2004 gilt eine EU-weite Kennzeichnungspflicht für Eier. Auf jedem Ei ist eine Codenummer aufgedruckt, z. B. 0-DE-0326041. Die erste Zahl bezeichnet die Art der Haltung. Eine 0 bedeutet artgerechte Haltung, 1 = Freilandhaltung, 2 = Bodenhaltung, 3 = Käfighaltung (http://www.gruene-jugend.de/themen/oekologie/67696.html). Dies führte zu einer erheblichen Marktverschiebung: Der Anteil der Eier aus artgerechter Haltung stieg auf 96 % (Informationen aus einem Interview mit dem BUND). Der Bedarf und die Nachfrage sind demnach vorhanden.

2.3 Zurück am Stammtisch

Bauer Berger sitzt nun allein am großen runden Tisch und seufzt.

Er ist der festen Ansicht, das Richtige zu tun. Neben der relativ großen ökonomischen Sicherheit einer Hühnermastanlage aufgrund des wachsenden Marktes kann seine Tochter in ihrer Heimat in einem Bereich beruflich Fuß fassen, für den sie lange studiert hat und in dem sie unbedingt arbeiten möchte. Sie ist schon ziemlich aufgeregt und auch gespannt auf die neue Verantwortung. Dass Frau Berger davon begeistert ist, muss man nicht noch zusätzlich betonen – Mutter und Tochter haben ein sehr enges Verhältnis und eine räumliche Trennung entfiele. Eine andere Art der Landwirtschaft käme für die junge Frau schon aus körperlichen Gründen kaum in Frage und der Bau einer Mastanlage in einer anderen Region würde die Hilfe der Eltern bei landwirtschaftlichen Fragen in der ersten Zeit schwierig gestalten. Und wer sagt, dass dort nicht die gleichen Probleme auf sie warten?

Auf der anderen Seite wohnt er schon in vierter Generation in Soderberg. Seine Mutter wurde in dem Haus geboren, in dem mittlerweile er mit seiner Familie lebt. Viele der Nachbarn kennt er schon aus dem Kindergarten. Zu ihnen gehören auch die Paten seiner Kinder, denen er näher steht als der weiter entfernt lebenden Verwandtschaft. Peter Berger will es sich daher mit seinen Freunden und Nachbarn nicht verscherzen und ihre Bedenken ernst nehmen. Und eine Bürgerinitiative gegen ihn? Worauf würde das hinauslaufen? Auf einem in der Nähe gelegenen Hof haben Unbekannte vor rund drei Jahren nachts eine Hühnermastanlage abgebrannt. Zwar kam kein Mensch zu Schaden, es entstand allerdings ein Sachschaden von rund einer halbe Million Euro (Reuter 2010)[12].

---

[12] S. auch „Der Hähnchenkrieg von Sprötze", unter: http://www.zeit.de/2010/39/Huehnerkrieg.

Allerdings – wenn es seine Freunde sind, müssten sie dann nicht auch ein wenig Verständnis für seine Pläne aufbringen? Immerhin haben sie alle Kinder großgezogen. Außerdem weiß er ganz genau, wie gern seine Kumpel Fleisch essen und sich hinter dem Rücken von Carsten Bauck über dessen hohe Preise beschweren – auch wenn alle irgendwie gut finden, wie dieser wirtschaftet, kaufen die meisten dann doch beim Discounter in der Stadt, damit sie jeden Tag wenigstens Wurst zum Brot auf dem Tisch haben. Er würde ihnen mit der Mastanlage im Prinzip nur entgegenkommen.

Er fragt sich auch, wie die Information über den geplanten Bau jetzt schon durchsickern konnte. Der Bebauungsantrag war noch nicht öffentlich bekannt gemacht worden. Dies geschieht in der Regel erst, wenn aus Behördensicht alles in Ordnung ist, danach liegen die Unterlagen einen Monat lang bei der Samtgemeinde und beim Landkreis zur Einsicht für die Allgemeinheit aus. Anschließend haben die Bürger noch 14 Tage Zeit, um Einwendungen einzureichen.

Und warum wurde gerade er von der Zeitung nicht um eine Stellungnahme gebeten? Wenn er seine Seite hätte darstellen können, hätte man eventuell mit etwas mehr Verständnis reagiert. Er mag sich nicht mit Tierquälern in einen Topf werfen lassen, denn so einer ist er einfach nicht.

Bauer Berger seufzt nochmal und lüpft seine Mütze zum Abschied kurz Richtung Tresen – heute reicht es ihm erst einmal, er wird heimgehen, eine Nacht darüber schlafen und morgen eine Entscheidung fällen.

Am nächsten Morgen wacht er auf …

Baut Bauer Berger die Hühnermastanlage, die seine Tochter leiten soll? Welche Rolle spielen die Bedenken der Bewohner von Soderberg bei seiner Entscheidung?

Fallzusammenfassung 3

Hauptakteur der Case Study ist der Landwirt Berger, welcher den Bau einer Hühnermastanlage plant. Hintergrund ist die geplante Existenzgründung seiner Tochter. Diese hat Agrarwissenschaften studiert und ein Praktikum in der Firma Wiesenhof absolviert. Die Nähe zum elterlichen Betrieb wäre für den Anfang von großem Vorteil, gleichzeitig können die Anforderungen eines Hühnermastbetriebs gut von der Tochter alleine bewältigt werden.

Dies sind die Erwägungen von Bauer Berger und seiner Familie.

Die Öffentlichkeit ist jedoch, gerade in Nordniedersachsen, wo sich viele Betriebe zur Geflügelproduktion angesiedelt haben, dem Thema Massentierhaltung gegenüber sensibilisiert. Und von dem geplanten Bau erfährt die Gemeinde aus der Zeitung, so dass Familie Berger, was deren Einbeziehung angeht, von Beginn an „hinterherhinkt". Zudem wird im gleichen Artikel vom Bauckhof berichtet, einem Paradebeispiel ökologischer und tiergerechter Landwirtschaft, was den Druck auf Berger tendenziell erhöht, auch wenn dieser seine Tiere selber bereits nach Neuland-Richtlinien hält (s. Anhang 1).

Die Anfangsszene spielt sich in der örtlichen Kneipe ab, in der die Gemeindemitglieder regelmäßig zusammenkommen und sogleich beginnen, die Neuigkeiten zu diskutieren. Dabei sind verschiedene Meinungen vertreten, die wichtige Aspekte des Falls widerspiegeln: Wie kann eine Balance gefunden werden zwischen bezahlbarer Fleischversorgung und artgerechter Haltung? Inwiefern handelt es sich bei ersten Widerständen vor allem um sogenannte „Not in my backyard"-Reflexe? Ist es nicht sogar zu befürworten, dass ein bekanntermaßen verantwortungsvoller Landwirt aus der Gemeinde, bzw. seine Tochter, einen solchen Betrieb führt?

Nach einer hitzigen Diskussion, zu welcher schließlich auch die Landwirte dazu stoßen, löst sich die Gruppe im Streit auf und es formiert sich Widerstand gegen

Landwirt Bergers Pläne. Mit dieser Situation konfrontiert, muss er nun eine Entscheidung treffen.

Die Aspekte, die bei dieser Entscheidung berücksichtigt werden sollen, betreffen die ganze Bandbreite des Nachhaltigkeits- und Stakeholder-Managements: Wie ist unternehmerische Verantwortung zu definieren? Worin besteht sie und wem gegenüber? Nach welchen Kriterien können Stakeholder identifiziert werden? Wie gerechtfertigt sind die Forderungen der Gemeinde, und wie sehr ist der/die Unternehmer/in diesen ausgesetzt? Wie kann die Gemeinde so miteinbezogen werden, dass sozial gewachsene Strukturen nicht nachhaltig gestört werden?

Lehrstrategie 4

„Die Größe und der moralische Fortschritt einer Nation lassen sich daran ermessen, wie sie die Tiere behandelt." (Mahatma Gandhi)

Das vorliegende Arbeitspaket bezieht sich auf den Einsatz der Case Study in einem Blended-Learning-Seminar (Arbeitsleistung von 125 Semesterwochenstunden bzw. 5 Credit Points/European Credit Transfer System (CPs/ECTS); 25 SWS entsprechen 1 CP, 1 SWS entspricht 45 Zeitminuten).

4.1 Paketbeschreibung

„Der eigentliche Zweck des Lernens ist nicht das Wissen, sondern das Handeln." (Herbert Spencer, engl. Philosoph und Soziologe, 1820–1903)

Das Arbeitspaket (Lehrstrategie und Lehrplan, Kap. 4 und Kap. 5) enthält sämtliche Materialien, um die Fallstudie: „Wenn der Misthaufen nebenan steht. Ein Dorf und 84.000 Hühner auf der Suche nach einem friedlichen Zusammenleben." durchzuführen. Um der Komplexität der Fallstudie und den relevanten Fragestellungen gerecht zu werden, sowie einen tiefgreifenden Lerneffekt zu erzielen, wurde die Fallstudie für eine umfangreiche Bearbeitung in einem mehrstufigen Prozess von bis zu insgesamt 150 Stunden (5 ECTS) Arbeitsaufwand entwickelt. Empfohlen wird die Durchführung der Fallstudie in einem solchen Prozess mit Beinhaltung zeitintensiver Rechercheanforderungen an die Bearbeitenden und der Ausarbeitung eines wissenschaftlichen Berichts.

Die Lehrstrategie teilt sich in drei Abschnitte ein:

- In den folgenden Abschnitten (Abschn. 4.2 und Abschn. 4.3) wird zunächst ein Überblick über die Geschichte der Fallstudie gegeben und der Hintergrund der Zusammenarbeit mit dem Unternehmen erklärt. Dies dient dem/der Dozierenden zur Bekanntmachung mit dem Fall und seiner Entstehungsgeschichte.
- Der letzte Abschnitt (Abschn. 4.4) ermöglicht eine tiefergehende Auseinandersetzung mit der Lehr- und Lernmethode „Fallstudie", beschreibt die verschiedenen Arten, und welchen Mehrwert sie gegenüber konventionellen Lehr- und Lernmethoden bietet.

4.2 Überblick über die Geschichte der Case Study

In der Case Study steht der ethische, moralische und wirtschaftliche Konflikt zwischen Unternehmen und Stakeholdern am Beispiel des Umgangs mit ethischen Konfliktsituationen innnerhalb und außerhalb zweier Landwirtschaftsbetriebe in Niedersachsen im Vordergrund. Damit verbindet der Fall zwei wesentliche Themen des Managements: Wirtschaftsethik (*Business Ethics*) und Stakeholder-Management. Mit dem Einsatz der Fallstudie wird vermittelt:

- Erkennen der Zusammenhänge zwischen Verantwortung, Unternehmertum und Gesellschaft.
- Entscheidungs- und Argumentationskompetenz: Aufbauend auf den vorhergehenden Verständnissen und der Analyse des Falles sollen die Bearbeitenden dazu befähigt werden, Maßnahmen aus Sicht des verantwortungsbewusst handelnden Unternehmens auf den konkreten Fall anzuwenden, mögliche Handlungsoptionen und eine Empfehlung für das Unternehmen herauszuarbeiten und diese theoriegeleitet zu begründen.
- Handlungsmotivation: Die Arbeit an einem konkreten, realen Fall aus der Region soll die Bearbeitenden dazu motivieren, den Blick auf Handlungsmöglichkeiten im eigenen Umfeld zu erweitern und Erkenntnisse aus der Fallstudienarbeit in ihr alltägliches, praktisches Tun zu übersetzen.
- Verständnis und Perspektiven: Besonderheiten, Komplexität und Herausforderungen sowie Relevanz von Intensivtierhaltung erkennen und verstehen. Weiterhin sollen die Bearbeitenden das aktuelle Marktgeschehen in ihre Argumentationen einbeziehen. Massentierhaltung lässt sich nicht von jetzt auf gleich ändern/abschaffen/ersetzen; hier sind Kompromisslösungen gefragt, die mit Hilfe von Stärken und Schwächen der Situation und der Möglichkeiten ausgelotet werden sollen.

Die Lehr- und Lernfallstudie trägt einen wesentlichen Teil zum Verständnis der Relevanz des Themas, sowie dem Erfassen und Verstehen der komplexen Wechselwirkungen, die im Kontext gesellschaftlicher Verantwortung von Unternehmen entstehen können, bei.

4.3 Zur Auswahl des Unternehmens

In der Fallstudienlandschaft gibt es bisher kaum Lehrfallstudien zur Rolle und den Möglichkeiten des Nachhaltigkeitsmanagements von klein- und mittelständischen Unternehmen (KMU). Daher stehen in dieser Fallstudie klein- und mittelständische Unternehmen in der Lebensmittelbranche im Mittelpunkt. Obwohl die Fallstudie in der Region bei Lüneburg in Niedersachsen spielt, kann der Kern- und Lerninhalt auf andere Regionen übertragen werden.

KMU werden in Literatur und Presse oft als „Motor" oder auch „Rückgrat" der deutschen und europäischen Wirtschaft bezeichnet, da sie rund 99 % aller Unternehmen auf nationaler und auch europäischer Ebene ausmachen, sowie ca. 75 Mio. Arbeitsplätze der EU stellen (vgl. z. B. Europäische Kommission 2013). Im Kontext nachhaltiger Entwicklung ist über deren Geschäftspraktiken jedoch recht wenig bekannt, da diese häufig informellerer Natur als in Großunternehmen sind und zumeist auf die persönliche Einstellung und ein natürliches Verantwortungsbewusstsein der Geschäftsführung zurückzuführen sind, welche nicht selten auch der oder die Eigentümer/in des Unternehmens übernimmt. Dazu kommt die oftmals tief verwurzelte Einbettung in die lokale Gemeinschaft, wenn es sich um z. B. um familiengeführte Unternehmen handelt, die seit Generationen am gleichen Ort beheimatet sind. Zudem sind KMU als Unternehmensgruppe sehr heterogen: vom Kleinstbetrieb mit ein, zwei Beschäftigten und einem Geschäft, bis hin zum Mittelständler, der einen jährlichen Umsatz von 50 Mio. € erwirtschaftet, ist alles vertreten. Dies gestaltet einen Vergleich und eine Generalisierung von wissenschaftlichen Erkenntnissen höchst schwierig. Umso interessanter und spannender ist die Auseinandersetzung mit einem realen Fall, der einen Einblick in diese Unternehmensgruppe gewährt.

4.4 Input zum Thema Case Study und Planspiel als Lehr- und Lernmethode

„Erzähle mir und ich vergesse, zeige mir und ich erinnere, lass es mich tun und ich verstehe." (Konfuzius, chinesischer Philosoph, 551 v. Chr.– 479 v. Chr.)

Dieser Abschnitt dient dazu, dem/der Dozierenden die wesentlichen Aspekte der Verwendung einer Case Study in der Lehre aufzuzeigen bzw. in Erinnerung zu rufen. Weiterhin kann dieser Abschnitt als Grundlage dazu dienen, die Bearbeitenden mit der Fallstudie als Lehr- und Lerninstrument vertraut zu machen, sowie Mehrwert, Relevanz und Ziele dieser Methode aufzuzeigen. Dabei wird es der/dem Dozierenden überlassen, in welcher Intensität diese Grundlagen vorab mit den Bearbeitenden behandelt werden. Hintergrund dieser Empfehlung sind konstruktivistische Lehr- und Lernansätze. Diesen folgend, lernen Bearbeitende vor allem das, womit sie sich selbst intensiv auseinandersetzen und woraus sie eigenständig „Sinn kreieren". Der generelle Vorteil des Lernens an und mit einer Fallstudie, d. h. einem konkreten Beispiel aus der Praxis, kann unserer Ansicht nach nur in sinnvollem Maße ausgeschöpft werden, wenn den Bearbeitenden der Raum und die Zeit für eine intensive und eigenständige Auseinandersetzung mit dem Fall gegeben wird. Darauf sollte geachtet werden – unabhängig von den Gewohnheiten und Forderungen beispielsweise mancher Studierender nach stärkerer Anleitung oder Komplexitätsreduktion. Zu diesem Zweck kann es sinnvoll sein, den Bearbeitenden bei der Falleinführung das dahinterliegende Lehr- und Lernkonzept „Fallstudie" zu erläutern.

4.4.1 Fallstudien zu unternehmerischer Nachhaltigkeit als Lehr- und Lernmethode für Studierende und Unternehmen

Der Einsatz von Case Studies in der universitären Lehre findet bereits seit dem frühen 19. Jahrhundert statt. Diese Lehrmethode hat ihren Ursprung in den Rechtswissenschaften, wo die Verhandlung eines Rechtsfalls Studierenden auf diese Weise induktiv vermittelt wurde. Für wirtschaftswissenschaftliche Zwecke wurde sie durch die Harvard Business School in Boston/USA etabliert. Man erkannte schnell, dass Studierende aufgrund der praxisnahen Orientierung das selbstständige Arbeiten effizienter angingen und zudem ihre Analyse- und Problemlösungskompetenzen gefördert wurden.

Kennzeichnend für Case Studies im wirtschaftswissenschaftlichen Umfeld ist die umfangreiche Darstellung einer realen und häufig komplexen Problemsituation in einem Unternehmen. Studierende stehen vor Entscheidungen, die auch Manager in ihrem Alltag bewältigen müssen – mit sämtlichen Konsequenzen ihrer Handlungen. Die Reflexion und Verknüpfung von Praxis und Theorie ermöglicht die Aufbereitung eines umsetzbaren Lösungskonzeptes. Mittlerweile sind Case Studies in zahlreichen Disziplinen zum festen Bestandteil der universitären Lehre geworden.

Der Umfang eines Falls kann dabei ganz unterschiedlich sein: Je nach Bearbeitungszeitraum kann er aus wenigen Seiten oder vier Bildern – evtl. einer Karikatur – oder auch einer umfangreichen „Geschichte" mit Lehranweisung und unterstützenden Lehrmaterialien bestehen. Somit hängt die Gestaltung der Fallstudie auch immer von dem Lehrinhalt ab, der an die Studierenden vermittelt werden soll.

4.4.2 Wissenstransfer durch den Innovations-Inkubator

Die Leuphana Universität Lüneburg knüpft an diesen Punkt an. Im Projekt „Case Studies in der Leuphana Professional School und Leuphana Graduate School" im Rahmen des Innovations-Inkubators steht die Herausarbeitung von Case Studies im Nachhaltigkeitsmanagement im Fokus, in enger Zusammenarbeit mit mittelständischen Unternehmen der Region Lüneburg. Durch die Verflechtung eines transdisziplinären Lernprozesses zwischen den KMU und der Universität wird eine Case Study entwickelt, die auch in der universitären Lehre eingesetzt werden kann. Im vorliegenden Fall werden primär Aspekte des Stakeholder-Managements behandelt, wobei ein besonderer Bezug zum Nachhaltigkeitsmanagement hergestellt wird.

Dabei wird eine spezifische, für das jeweilige Unternehmen relevante, Fragestellung in einer Case Study intensiv aufgearbeitet. Hierbei kann es sich z. B. um ein akutes Problem in der Kommunikation mit den Stakeholdern des Unternehmens oder aber auch um eine Umstrukturierung der Lieferantenkette nach ökologischen Richtlinien handeln. Die Themenfelder sind auf die jeweilige Situation flexibel anpassbar.

Die Unternehmen profitieren dabei nicht nur durch die individuelle Bearbeitung, sondern auch durch die Etablierung von Austauschprozessen, die zwischen der regionalen Wirtschaft und der Universität bzw. „der Wissenschaft" im Allgemeinen stattfinden. Damit wird ein Wissenstransfer von wissenschaftlichen Erkenntnissen zum konkreten Praxiskontext angestoßen und gleichzeitig reale Fallstudien entwickelt. Regionale KMU, die in ihrer Branche führend im Nachhaltigkeitsmanagement sind, sind die Protagonisten der Case Studies. Als Lehrinstrument für die Leuphana Graduate School und die Leuphana Professional School vermitteln sie somit relevante und innovative Managementsituationen.

4.4.3 Theorieanwendung in der Praxis mit „Spaßfaktor"

Theorien und Konzepte können dabei helfen, unüberschaubare Praxisphänomene in ihrer Gesamtheit zu verstehen und somit dazu dienen, den Problemgehalt des Phänomens zu analysieren und Lösungsvorschläge zu entwickeln. Die Arbeit mit Fallstudien versucht, die Theorieanwendung in der Praxis nachzuahmen und sich ihr anzunähern. Sie kann die Anwendung theoretischer Ansätze in der Praxis nicht ersetzen, trainiert jedoch das analytische, konzeptionelle Denken so wirklichkeitsnah wie möglich.

In der Management-Lehre stellen Fallstudien daher eine anwendungsorientierte Lehr- und Lernmethode dar. Es wird zum einen die Geschichte eines konkreten und „greifbaren" Unternehmens, seines Umfelds und aktuelle Herausforderungen, sowie Probleme und Chancen unter Einbeziehung der Komplexität, Historie und multiplen Einbettung (sozial, ökologisch, wirtschaftlich, kulturell) möglichst anschaulich dargestellt. Gleichzeitig repräsentiert der Fall oft typische, exemplarische Herausforderungen, die in ihren Grundzügen und ihrer Problemstruktur auch auf andere Fälle (Unternehmen, Branchen etc.) übertragbar sind.

Die erzählerische und lebendige Form einer Lehrfallstudie soll dazu motivieren, in den Fall einzutauchen und sich in die verschiedenen Akteurinnen und Akteure hineinzuversetzen. Auf diese Weise kann die Situation, in welcher sich das Unternehmen befindet, bestmöglich nachvollzogen und erfasst werden. Eine Fallstudie für die Lehre ähnelt in ihrem Erzählstil eher einem Roman. Sie ist kein analytisches Schriftstück, wie es beispielsweise ein wissenschaftlicher Bericht ist.

Ein Fokus der Case Study liegt in der Unterscheidung von *Nachhaltigkeitsmanager/innen* und *konventionellen* Manager/innen. Es soll herausgearbeitet werden, warum und wie Nachhaltigkeitsmanager/innen bestimmte Entscheidungen anders treffen als traditionelle Managerinnen und Manager und dabei zum Teil bewusst Risiken eingehen, die man im konventionellen Management nicht eingehen würde, trotzdem aber wirtschaftlichen Erfolg damit erreichen. Insbesondere das reale Beispiel bietet diesbezüglich einen unmittelbaren Mehrwert, da es einen genauen Einblick in das Handeln und Denken eines/einer erfolgreichen Nachhaltigkeitsmanagers/managerin ermöglicht.

Neben den fachspezifischen Lernzielen werden Soft Skills gefördert, die insbesondere im Kontext Bildung für nachhaltige Entwicklung relevant sind. Hierzu zählen allgemeine Handlungskompetenzen, die eine verantwortungsbewusste und zukunftsfähige Gestaltung im Wirtschaftsleben ermöglichen und Fähigkeiten, die heutigen und zukünftigen Generationen zu einem nachhaltigen Umgang mit natürlichen Ressourcen verhelfen. Im Fokus stehen die Fähigkeit zur Partizipation, systemisches und lösungsorientiertes Denken, sowie eine positive Grundhaltung in Bezug auf die Vielschichtigkeit der Probleme.

4.4.4 Wie kann eine Case Study aufgebaut sein?

In der Literatur werden gemeinhin vier verschiedene Typen von Case Studies unterschieden.

4.4 Input zum Thema Case Study und Planspiel als Lehr- und Lernmethode

I Case Study Method: Hier ist das wesentliche Ziel, dass die Bearbeitenden das Problem selbst erkennen, beschreiben und identifizieren. Alle notwendigen Informationen sind gegeben. Eigenständig sind Lösungsalternativen zu erarbeiten und eine Entscheidung zu treffen. Parameter der Kritik sollte ein Vergleich mit der Realität sein.

II Case Problem Method: Hier liegen die Schwerpunkte in der Ermittlung von Lösungsansätzen und der Entscheidung selbst. Das Problem sowie die relevanten Informationen sind bereits mit dem Fall gegeben. Parameter der Kritik ist auch hier der Realitätsfall.

III Case Incident Method: Dieser Typus ist eine Rechercheaufgabe, da der Fall nur lückenhaft bereitgestellt wird und wesentliche Informationen erst gesucht werden müssen.

IV Stated Problem Method: Der Fokus liegt auf der Lösungskritik, die eine umfangreiche Diskussion einschließt. Das Problem selbst und die relevanten Informationen sind im Fall enthalten; ebenso liegen Lösungsansätze und die letztendliche Entscheidung in begründeter Form vor. Die Studierenden sollen hier abwägen, ob die Vorgaben sinnvoll sind.

Die Übersicht in fasst alle vier Typen und ihre Hauptmerkmale zusammen. Farblich hinterlegt ist die Einordnung des vorliegenden Falls (Case Problem Method) (Abb. 4.1).

Beispiele für Case Studies im Internet:
- http://www.csr-weltweit.de/de/datensammlung/liste-fallstudien/index.html (Fallsammlungen in Kurzform zu großen Unternehmen und CSR)
- http://pure.au.dk/portal/files/53973446/301344.pdf
- http://de.slideshare.net/micheldm52/benjerry-case-michel-de-marsano (Informationen zum sozialen Engagement von Ben&Jerrys)
- http://de.slideshare.net/Innovationstorm/csr-case-studythe-body-shop
- http://www.spiritofenterprise.net/

4.4.5 Was bietet die vorliegende Case Study und warum sollte ich mit ihr lehren?

Eine Fallstudie ermöglicht einen realen Einblick und das „Hineinfinden" in Situationen wie z. B. Management-Entscheidungen, die das Bearbeiten von Literatur alleine nicht bietet. Anhand dieser Fallstudie kann anschaulich und prägnant vermittelt werden, was in der Praxis vom gelernten Wissen wie eingesetzt werden

Methode	Erkennen von Problemen	Informations-gewinnung	Ermitteln alternativer Lösungs-ansätze	Problem-lösung/ Entscheidung	Lösungskritik
I Case-Study-Method	Schwerpunkt	Gegeben	Selber suchen	Selber suchen	Vergliech mit Realität
II Case-Problem-Method	Gegeben	Gegeben	Schwerpunkt	Schwerpunkt	Vergliech mit Realität
III Case-Incident-Method	Fall wird lückenhaft dargestellt	Schwerpunkt			
IV Stated-Problem-Method	Gegeben	Gegeben	Gegeben, ggf. zusätzliche Alternative finden	Gegeben mit Begründung	Schwerpunkt

Abb. 4.1 Typen von Case Studies

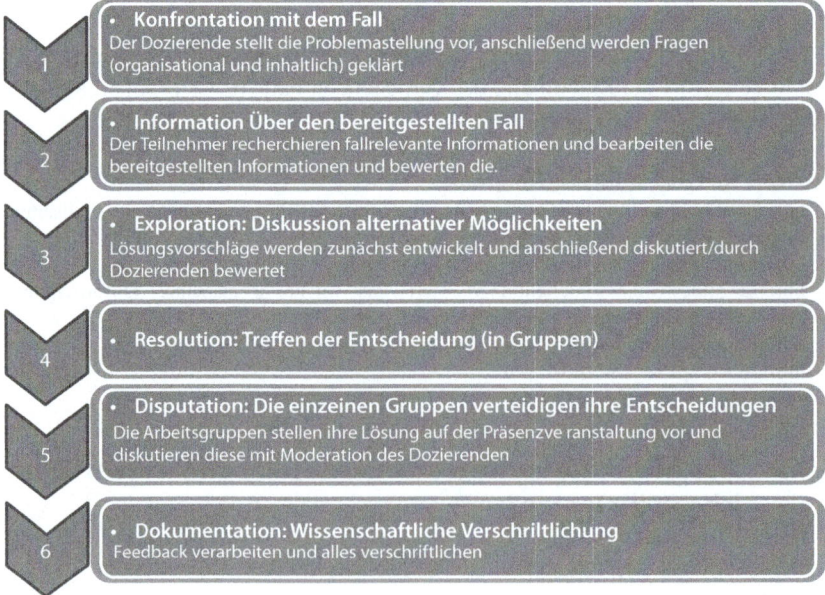

Abb. 4.2 Ablauf einer Case Study. Quelle: http://www.fallstudienverbund.de/fallstudien-bearbeitung, letzter Zugriff 25.10.2015.

kann. Lernmotivation und Interesse am Thema Nachhaltigkeit werden durch die Simulation eines konkreten, lebendigen Unternehmensfalls und dem damit einhergehenden Aufzeigen der praktischen Relevanz unternehmerischer Verantwortung kleinerer und mittlerer Unternehmen erhöht. Theoretisch erworbenes Wissen wird angewendet, erweitert, und dabei folglich verdeutlicht, welchen praktischen Sinn dieses hat. Dies stärkt die Argumentationskompetenz und Entscheidungsfähigkeit (Burgoyne und Mumford 2001, Handelsblatt 2006, Heath 2006). Darüber hinaus ist der Lebensmittelmarkt immer wieder Gegenstand von Skandalen und zeigt somit die kontinuierliche Relevanz unternehmerischer Entscheidungen.

4.4.6 Allgemeines didaktisches Vorgehen der vorliegenden Case Study (Case Problem Method)

Im Mittelpunkt stehen die Erarbeitung von Lösungsvarianten sowie die ausführliche Diskussion der getroffenen Entscheidung (Abb. 4.2).

Literatur: Kaiser, Franz-Josef/Kaminski, Hans (2012) Methodik des Ökonomieunterrichts: Grundlagen eines handlungsorientierten Lernkonzepts mit Beispielen (4. Aufl.), Klinkhardt, Bad Heilbrunn.

Lehrplan 5

Der Lehrplan nennt zunächst relevante Fragen des Falles und die damit zu behandelnde Themen (Abschn. 5.1 und Abschn. 5.2). Ebenso werden noch einmal die Besonderheiten des Falles hervorgehoben.

Der Abschn. 5.3 erläutert die Lernziele und Zielgruppen der Fallstudie, und ein vorgeschlagener Ablaufplan (Überblick Abschn. 5.4.1, detailliertes Vorgehen Abschn. 5.4.2) gibt einen Überblick über die Lernaktivitäten, die in der Veranstaltung durchgeführt werden können.

5.1 Fallrelevante Problem-/Fragestellungen

Zentrale Fragestellungen der Case Study sind:
- Wie kann systematisch integrierte Unternehmensverantwortung im Mastbetrieb praktisch ausgestaltet werden?
- Wie setzt ein kleines Unternehmen Stakeholder-Management in einer Konfliktsituation um?
- Wie wird Stakeholder-Management in Bauprojekten von kleinen Unternehmen umgesetzt?
- Wie erfolgt das Issue-Management in kleinen Unternehmen?

Konkret für den Hof Blecken stellen sich folgende Fragen:
- Wie müsste die Existenzgründung der Tochter ausgestaltet werden, damit sie sich mit den Anforderungen der lokalen Gesellschaft verträgt?

- Welche Implikationen ergeben sich daraus für die strategische Ausrichtung der nächsten drei bis fünf Jahre?
- Welchen Beitrag kann der Hof Blecken für eine nachhaltige Entwicklung auf dem Geflügelmarkt leisten?

5.2 Fallrelevante Themen

Folgende Themen spielen für den Fall eine grundlegende Rolle:
- Nachhaltigkeit und Corporate Social Responsibility (CSR)
- Analyse gesellschaftlicher Herausforderungen
- CSR/nachhaltig orientierte Unternehmensstrategie
- Konzepte und Instrumente von CSR/Nachhaltigkeit
- Stakeholder-Management:
- Identifikation von Stakeholdern
- Klassifizierung der Ansprüche („stakes")
- Kommunikation/Dialog mit den Stakeholdern
- Integration der gesellschaftlichen Erwartung

Besonderheiten des Falls
- Regionale Relevanz von Massentierhaltung
- Aktualität: Lebensmittelskandale, Ernährungsbewusstsein, Konsumverhalten
- Einfluss des globalen Ernährungs- bzw. Konsumverhaltens auf das Klima
- Angewandte Ethik: Wirtschafts- und Tierethik
- Stakeholder-Projektmanagement

5.3 Lernziele und Zielgruppen

Der folgende Abschnitt beschreibt verschiedene Kompetenztypen, welche mit der Bearbeitung der Case Study entwickelt, gefördert und gefordert werden sollen. Kompetenz beschreibt die Fähigkeit von Menschen, in offenen, komplexen und dynamischen Situationen selbstorganisiert zu denken und zu handeln. Nachstehend wird beschrieben, wie die Lernziele dieser Fallstudie die entsprechenden Kompetenzen abdecken. Im darauffolgenden Abschnitt wird darüber hinaus auf die Besonderheiten von Nachhaltigkeitskompetenzen eingegangen und inwiefern die Fallstudie diese fördert und intensiviert.

5.3.1 Lernziele für die Förderung beruflicher Handlungskompetenzen

5.3.1.1 Lernziel 1: Personale Kompetenz

Die analytischen Fähigkeiten werden geschult, indem mit Hilfe von theoretischen und konzeptionellen Ansätzen die Fallstudie gezielt hinsichtlich einer bestimmten Fragestellung bearbeitet wird. Die Gruppenarbeit ermöglicht den Vergleich innerhalb der Gruppe und mit anderen Gruppen, was die Selbstreflexion übt, sowie kommunikative und interaktive Fähigkeiten erfordert. Zudem müssen sich die Teilnehmer in Orientierung an dem zur Verfügung stehenden Zeitrahmen selbst organisieren, ohne das gemeinschaftliche Ziel aus den Augen zu verlieren.

5.3.1.2 Lernziel 2: Organisationale Kompetenz

Für das Erreichen der Gruppenziele ist es notwendig, sich in der Gruppe zu organisieren und ein gutes, fruchtbares Klima für die Zusammenarbeit zu schaffen. Die Gruppe sollte idealerweise (explizit oder implizit) eine Führungspersönlichkeit stellen und in der Lage sein, kurzfristige/überraschende Interventionen von außerhalb zu antizipieren.

5.3.1.3 Lernziel 3: Gesellschaftskompetenz

Die Gruppe sollte in der Lage sein, das eigene Handeln ethisch und moralisch zu reflektieren, die Verantwortung aus den Konsequenzen ihrer Handlungen zu erkennen und in die weiteren Entscheidungssituationen in wirtschaftlicher, strategischer und zukunftsorientierter Hinsicht einfließen zu lassen. Außerdem sollte die Auseinandersetzung mit dem Fall auch die Perspektiven der anderen Gruppen ausreichend berücksichtigen, z. B. durch informelle Absprachen zwischen den Rahmensitzungen (Netzwerkaspekt).

5.3.1.4 Lernziel 4: Fachkompetenz

Die fachspezifischen Fähigkeiten stehen vordergründig im Fokus bei der Bearbeitung. Diese beinhalten neben dem theoretischen Fachwissen insbesondere auch das praktisch anwendbare Handlungswissen, das aus eigenen Erfahrungen und Lernprozessen generiert wird. Die Fachkompetenz ist daher speziell auf die Zielgruppe der Fallstudie und ihre Thematik ausgelegt.

Durch die inhaltliche Bearbeitung der Lehr- und Lernfallstudie

- kann ein Grundverständnis von Wesen, Zielen und Aufgaben des Stakeholder-Managements erworben werden.

- wird generelles, branchenübergreifendes Wissen zu Strategien, Konzepten und Instrumenten unternehmerischer Verantwortung erlangt, im Rahmen der Fallstudie erarbeitet und angewendet.
- werden aktuelle Herausforderungen der gesellschaftlichen Verantwortung von Unternehmen diskutiert.
- wird spezifisches Wissen zur Intensivtierhaltung erworben.

5.3.2 Lernziele für die Förderung von Nachhaltigkeitskompetenzen

5.3.2.1 Lernziel 1: Praxis

Die Bearbeitenden besitzen ein Verständnis über die Rolle und Mitverantwortlichkeit von Unternehmen und wie dieses praktisch umgesetzt werden kann. Die Teilnehmer werden dafür sensibilisiert, was sie in ihrem eigenen Umfeld umsetzen können.

5.3.2.2 Lernziel 2: Wissen

Die Bearbeitenden kennen Konzepte und Instrumente des Nachhaltigkeitsmanagements und sind in der Lage, diese im unternehmerischen Kontext mit der notwendigen kritischen Reflexion anzuwenden und deren Anwendung zu begründen. Die Zielgruppe sind Studierende in Weiterbildungsstudiengängen mit oder ohne Berufserfahrung. Entsprechend den Vorkenntnissen und dem Einsatz in das vorhandene Curriculum kann die Fallstudie für folgende Zielgruppen geeignet sein:

a. Studierende mit Vorkenntnissen in CSR/Nachhaltigkeit: Die Case Study dient zur Vertiefung der Thematik und der praxisnahen Umsetzung des bisher erworbenen Wissens.
b. Studierende ohne Vorkenntnisse in CSR/Nachhaltigkeit: Die Case Study und das Planspiel bieten einen ersten Einstieg in die Thematik und Vertrautmachung mit dem CSR-Konzept.

Zusätzlich kann der Fall zur Illustration und näheren Verdeutlichung in verschiedenen management-orientierten Studiengängen eingesetzt werden. Die möglichen Themen zeigt Tab. 5.1.

Tab. 5.1 Management-orientierte Themen der Case Study

Kurseinheit	Thema
Ethik und Moral im Unternehmen	Ethische Unternehmensführung
Unternehmenskommunikation	Stakeholderdialog, Public Relations
Beziehungsmanagement	Stakeholder-Relationship
Strategie	Issue-Management

5.4 Ablaufplan der Veranstaltung

5.4.1 Überblick

Einen Überblick über den Ablauf des Case-Study-Seminars zeigt Tab. 5.2.

Tab. 5.2 Ablauf des Case-Study-Seminars

Phase	Inhalt	Zeit	SWS*
1: Einführung in die Veranstaltung	Einführungsveranstaltung	Woche 1	5
	Gegenseitiges Kennenlernen		
	Erwartungsabfrage		
	Organisationales besprechen		
	Webinar zum Themeneinstieg mit Film		
	Fall zur Verfügung stellen		
2: Grundlagen und Falleinführung	Fallrelevante Themen vorstellen	Woche 2	19
	Fall diskutieren		
3: Autodidaktisches Arbeiten	Lösungsansatz erstellen	Woche 3	15
	Positionspapier erarbeiten	Woche 4	15
	(Dozierende/r korrigiert derzeit Aufgaben)		
	Feedback in Positionspapier einarbeiten		
4: Vorbereitung auf Präsenz	Ergebnisse und Feedback in Präsentation verarbeiten	Woche 5	6

Table 5.2 (Continued)

Phase	Inhalt	Zeit	SWS*
5: Präsenzworkshop	Lösungen in Kleingruppen diskutieren Zusätzlicher Input durch Dozierende/n	Woche 5	19,5
6: Berichterstellung	Erstellen eines Abschlussberichtes in Gruppen	Woche 6 Woche 7 Woche 8	15 15 15
7: Evaluierung	Bewertungen der Bearbeitenden der Veranstaltung (Bewertung der Abschlussberichte durch Dozierende/n)	Woche 9	0,5

* Die SWS sind als Leistungsmaßstab für die Studierenden aufgeführt und unabhängig von den Aufgaben des Dozierenden zu verstehen.

5.4.2 Detailliertes Vorgehen

Allgemeiner Arbeitsauftrag:

Identifikation der gesellschaftlichen und ethischen Herausforderung des Hof Bleckens und die operative Ausgestaltung des Stakeholder-Managements in diesem Kontext.

Die Tabellen Abb. 5.1 bis Abb. 5.7 beschreiben die Phasen 1 bis 7 im Ablauf eines Fallstudienseminars.

5.4 Ablaufplan der Veranstaltung

Phase 1: Einführung in die Veranstaltung (virtuell)	
Kurzbeschreibung	Ziele für Phase 1
<ul><li>Vorstellung Seminarkonzept und Abklären der organisationalen Rahmenbedingungen mit zeitlichem Ablaufplan</li><li>Optional: allgemeine Fallmethodik besprechen</li><li>Kennenlernen der Gruppe (0,5 SWS) und</li><li>Erwartungsabfrage (0,5 SWS) in Skype-Konferenz</li><li>Thematischer Einstieg mit Webinar: Stakeholder-Management (2 SWS)</li></ul>	<ul><li>Seminarkonzept vermitteln</li><li>Grundverständnis für Fallstudienarbeit und</li><li>Thema der Fallstudie (allgemein)</li></ul>
Aufgaben für Dozierende/n	
<ul><li>Moodle mit Materialen (nach-)bestücken und personalisieren</li><li>Erwartungsabfrage über Wallwisher vorbereiten</li></ul>	
Aufgaben für Bearbeitende	
<ul><li>Erwartungen auf Wallwisher eintragen</li><li>Materialien und bereitgestellte Lieratur lesen für die erste Phase</li></ul>	
SWS: 5 = 3 Std, 45 Min.	**Kommunikationsmedium:** Moodle, Skype, Wallwisher
Bearbeitungszeitraum: 1 Woche	**Methodik:** Einzelarbeit, Webinar, Diskussionsforum
Materialien:	
<ul><li>Begrüßungsfilm zur Fallstudie: sollte aktuelle/r Dozierende/r vorher aufnehmen</li><li>Link zu Wallwisher (Online-Tool zur Erwartungsabfrage)</li><li>Zeitlicher Ablaufplan: welche Woche, welcher Arbeitsaufwand?</li><li>Folien und Filme über Blended-Learning zur Vorstellung des Seminarkonzeptes</li><li>Optional: allgemeine Fallmethodik besprechen</li><li>Vorbereitende Literatur: Mitchell et al. (1997), Freeman (2004) zum Stakeholder-Ansatz, dazu Leitfragen im Diskussionsforum einstellen</li><li>Ankündigung Webinar mit technischen/inhaltlichen Hinweisen</li><li>Diskussions-Artikel zum Einstieg in die Thematik hochladen: Ist Bio einfach besser? Pumpen konventionelle Milchbauern ihre Kühe mit Chemie voll? Wenn's um Landwirtschaft geht, gibt es viele Vorurteile, viel halbwissen. Wie unterscheiden sich Biobauern tatsächlich von ihren Kollegen?<ul><li>➢ Spiegel Diskussionsseite http://www.spiegel.de/wirtschaft/service/huehner-mast-bio-hof-und-konventioneller-betrieb-im-vergleich-a-854356.html, PDF: Mastbetriebe im Vergleich.</li></ul></li><li>Leitfragen einstellen</li><li>Merkblatt für wissenschaftliche Arbeiten für die Aufgaben hochladen</li><li>Fallstudie einstellen nach dem Webinar</li><li>Landkarte einstellen nach dem Webinar</li></ul>	

Abb. 5.1 Einführung in das Seminar (Phase 1)

Phase 2: Grundlagen und Falleinführung (Virtuell)	
Kurzbeschreibung	Ziele für Phase 2
<ul><li>Einführung in die Fallgeschichte und Fallproblematik</li><li>Weiterer Input zu Stakeholdermanagement und Geflügelindustrie mittels Literatur und Diskussionsartikeln</li><li>Quiz zur Fallstudie</li><li>Web-Diskussion</li></ul>	<ul><li>Verständnis für fallrelevante Themen vermitteln:</li><li>Corporate Social Responsibility im historischen und praktischen Zusammenhnag verstehen: Ursprung auf ethischer Basis</li><li>Wirtschaftsethische Grundlagen</li><li>Ethische Orientierung bei Managemententscheidungen</li><li>Die Rolle von KMU in diesem Kontext</li><li>Ernährungsverhalten insbesondere bei Geflügel lokal und global kennenlernen</li><li>Problematik des zunehmenden konsums und des unaufgeklärten Konsums verstehen</li></ul>
Aufgaben für Dozierende/n	
<ul><li>Diskussion vorbereiten: Artikel hochladen, Teilnehmer einladen, Input-Referat vorbereiten<ul><li>Artikel 1: Jenkins, Heledd (2004), *A Critique of Conventional CSR Theory: An SME Perspective*, Journal of General management, Vol. 29 No. 4, 37.</li><li>Enderle, Georges (2010), *Clarifying the terms of business ethics and CSR*, Business Ethics Quarterly, Vol. 20, No. 4, 730-732.</li></ul></li><li>Diskussion nachbereiten: Materialien zu den Themen bündeln und im Forum Meinungen festhalten</li></ul>	
Aufgaben für Bearbeitende	
<ul><li>Grundlagen lesen:<ul><li>Carroll, Archie B. (2008), *The pyramid of corporate social responsibility: toward the moral management of organizational stakeholders*, Corporate social responsibility: readings and cases in a global context (2008), 60-76.</li><li>Carroll, Archie B. (1999), *Corporate Social Responsibility: Evolution of a Definitional Construct*, Business & Society, Vol. 38, No.3, No.3, 268-295.</li></ul></li><li>Die vielen ethischen Perspektiven und Ebenen in einer Web-Konferenz diskutieren an einem Beispiel (optional mehrere):<ul><li>Abstrakte Ethik: Generell findet die Gesellschaft Diebstahl nicht gut (illegal), aber wer telefoniert schon mal auf Firmenkosten? Die Comic-Serie „the born loser" thematisiert abstrakte Ethik, aktuelles Beispiel unter: http://www.gocomics.com/the-born-loser/2013/03/28.</li><li>Corporate Giving/Sponsoring: Ist eine Firmenspende aus a) altruistischen, b) steuerlichen oder c) Reputations-Gründen legitim?</li><li>Code of Conduct von BASF im Kontext zum Genkartoffel-Anbau, der in die USA verlegt wurde, da er in der EU verboten ist. Wie passt hierzu das vorbildliche Abschneiden in der Nachhaltigkeitsberichterstattung? (Unterlagen: BASF Verhaltenskodex, https://www.basf.com/de/company/about-us/management/code-of-conduct.html, Presseartikel Gen-Kartoffel, http://www.spiegel.de/wirtschaft/unternehmen/genkartoffel-eu-richter-stoppen-zulassung-von-amflora-a-938839.html, http://www.handelsblatt.com/unternehmen/industrie/fluct-in-die-usa-basf-stampft-seine-genkartoffel-ein/6073030.html).</li></ul></li><li>Unternehmerische Verantwortung diskutieren:<ul><li>Warum haben Unternehmen Verantwortung?</li><li>Gibt es einen Unterschied zwischen KMU und MNC? Wo liegt dieser, wie ist er abzugrenzen?</li></ul></li></ul>	
SWS: 19 = 14 Std., 15 Min.	**Kommunikationsmedium:** Moodle, Skype
Bearbeitungszeitraum: Woche 2	**Methodik:** Einzelarbeit

Abb. 5.2 Grundlagen und Falleinführung (Phase 2)

5.4 Ablaufplan der Veranstaltung

Phase 3: Autodidaktisches Arbeiten (virtuell)	
Kurzbeschreibung	Ziele für Phase 3
• Ethische Grundlagen für den Fall • Analysemethoden für ethische Herausforderungen • Webinar: Stakeholdermanagement	• Analysemethoden verstehen und zur Identifikation von gesellschaftlichen und ethischen Herausforderungen einsetzen • Sozio-rationales Modell • VENN-Diagram-Modell • Ansätze zur Stakeholderidentifikation verstehen und anwenden
Aufgaben für Dozierende	
• Positionspapiere bewerten und Feedback geben	
Aufgaben für Bearbeitende: Individuelle Arbeit	

• Jeder Teilnehmer erarbeitet ein Grundsatzpapier. Das Thema ist mit den relevanten Fallthemen verwandt, im Papier wird ein Forschungsartikel, aktueller Fall aus der Praxis oder ähnliches diskutiert.
• Vorschläge werden vor Beginn der 3. Phase per Mail eingereicht. Der Umfang sollte ca. 1000 Zeichen ohne Leerstellen betragen. Mindestens 5 wissenschaftliche Quellen sollten genutzt werden, um den Standpunkt zu formulieren und zu argumentieren. Mindestens drei spezifische Argumente sollten vorgebracht werden, um den eigenen Standpunkt zu dem gewählten Thema zu untermauern. Recherchearbeiten sind somit auch ein Bestandteil dieser Aufgabe. Für die Argumentation des eigenen Standpunktes gibt es kein „richtig" oder „falsch", es kommt auf die Argumentationsstärke an. Folgende Struktur wird vorgeschlagen:
   o Deckblatt
   o Name, Kontaktdaten, Titel
   o Einführung
   o Position festlegen und kurz die Hauptargumente nennen (z. B. Massentierhaltung ist die einzige Form, um die Menschheit mit Fleisch zu versorgen).
   o Hauptteil
   o Die genannten Argumente entwickeln: mit Datenmaterial belegen, wissenschaftlichen Quellen erläutern, Auswahl begründen um die Position zum Thema zu stärken.
   o Abschließende Worte
   o Literaturangaben
   o Feedback einarbeiten	

SWS: 30 = 22 Std , 30 Minuten	Kommunikationsmedium: Moodle, Skype, Mail
Bearbeitungszeitraum: 2 Wochen	**Methodik:** Einzelarbeit

Abb. 5.3 Autodidaktisches Arbeiten (Phase 3)

Phase 4: Vorbereitung auf Präsenz (virtuell)	
Kurzbeschreibung	Ziele für Phase 5
• Präsenz inhaltlich und formal vorbereiten	• Präsentationstechniken kennenlernen • Und diese umsetzen
Aufgaben für Dozierende/n	
• Präsentationstechniken vorstellen	
Aufgaben für Bearbeitende	
• Feedback einarbeiten und Präsentation vorbereiten	
SWS: 6 = 4 Std , 30 Min. Bearbeitungszeitraum: 5 Tage	Kommunikationsmedium: Moodle, Skype Methodik

Abb. 5.4 Vorbereitung auf Präsenz (Phase 4)

Phase 5: Präsenzworkshop	
Kurzbeschreibung	Ziele für Phase 6
• Präsentation der Positionspapiere • Diskussion mit Unternehmensvertretern • Transfer auf eigene/weitere Wirtschaftsbereiche	• Positionspapier reflektieren • Argumentations- und Analysekompetenz stärken • Gruppenarbeit / Teamfähigkeit stärken • Präsentationstechniken anwenden
Aufgaben für Dozierende/n	
• Vorbereitung des Workshops, Moderation der (Gruppen-) Diskussionen, partiell Input zum Thema	
Aufgaben für Bearbeitende	
• Diskussion und Präsentation der individuellen Arbeiten (im Zweifel ausgewählt nach Absprache) • Gruppen bilden für Gruppenarbeit • Abstrahieren des erlernten Wissens in Anwendung auf eigene/weitere Wirtschaftsbereiche • Präsenzveranstaltung bewerten	
SWS: 19,5 = 14 Std., 30 Minuten Bearbeitungszeitraum: 2 Tage	Kommunikationsmedium: persönlich **Methodik:** Moderation, Gruppenarbeit, Vorträge
Materialien: Flipchart, Bord, Moderationskoffer, Leinwand, Beamer	

Abb. 5.5 Präsenzworkshop (Phase 5)

5.4 Ablaufplan der Veranstaltung

Phase 6: Berichterstellung (virtuell)	
Kurzbeschreibung	Ziele für Phase 7
• Erstellung eines Abschlussberichtes in Kleingruppen • Feedback durch Dozierende/n in Sprechstunde • Bewertungen der Veranstaltung durch Bearbeitenden • Bewertung der Abschlussberichte durch Dozierende/n	• Die gesammelten Kenntnisse und Fähigkeiten in dem Abschlussbericht verarbeiten • Theoriegeleitete Lösungen erarbeiten • Argumentations- und Analysekompetenz ausbauen • Wissenschaftliches Arbeiten schriftlich anwenden
Aufgaben für Dozierende/Bearbeitende	
• Sprechstunde für Feedback vorbereiten • Evaluationsbögen vorbereiten	
Aufgaben für Bearbeitenden: Abschlussbericht in Gruppen	
• In den Gruppen wird ein Abschlussbericht erarbeitet (10.000 Zeichen ohne Leerstellen). Hinzugezogen werden sollten mindestens 5 zusätzliche wissenschaftliche Quellen. Darüber hinaus können Internetquellen genutzt werden • Recherchearbeiten sind somit auch ein Bestandteil dieser Aufgabe. Für die Argumentation gibt es kein „richtig" oder „falsch", es kommt auf die Argumentationsstärke an • Folgende Struktur wird vorgeschlagen: 1) Deckblatt Namen aller Gruppenmitglieder, Kontaktdaten, Arbeitstitel. 2) Einführung Position festlegen und die Hauptargumente nennen (z. B. Ich meine, dass Massentierhaltung die einzige Form ist, um die Menschheit mit Fleisch zu versorgen). 3) Hauptteil Die genannten Argumente entwickeln: mit Datenmaterial belegen, wissenschaftlichen Quellen erläutern, Auswahl begründen um die Position zum Thema zu stärken. 4) Abschließende Worte 5) Literaturangaben	
SWS: 30 = 22 Std., 30 Min.	**Kommunikationsmedium:** Moodle, Mail, Skype
Bearbeitungszeitraum: 2 Wochen	**Methodik:** Gruppenarbeit
Materialien: Teilnahmebescheinigung, Evaluationsbögen, Checkliste für Bewertung, Informationen über wissenschaftliches Arbeiten	

Abb. 5.6 Berichterstellung (Phase 6)

Phase 7: Evaluierung (virtuell)	
Kurzbeschreibung	Ziele für Phase 7
• Bewertung der Abschlussberichte durch Dozierende/n • Optional: Überarbeitung Fallstudie/Arbeitspaket	• Fertigstellung der Bewertungen
Aufgaben für Dozierende/n • Bewertungen fertigstellen • Bewertungen den Teilnehmer/innen zukommen lassen	
Aufgaben für die Bearbeitenden • Bewertungen der gesamten Veranstaltung	
SWS: 0,5 = 22,5 Minuten	Kommunikationsmedium: Moodle, Mail, Skype
Bearbeitungszeitraum: 1 Woche	**Methodik:** Gruppenarbeit
Meterialien: Teilnahmebescheinigung, Checkliste für Bewertung	

Abb. 5.7 Evaluierung (Phase 7)

Werkzeuge 6

6.1 Fallanalyse

Die Fallanalyse enthält vier Schritte. Im ersten Schritt wird mit der **Analyse gesellschaftlicher und ethischer Herausforderungen** (Abschn. 6.2) direkt in das Fallgeschehen eingestiegen. Das Umfeld der Landwirte und die allgemeinen Rahmenbedingungen in der Geflügelindustrie sowie mögliche Einflüsse auf das ethische Entscheidungsverhalten sollen durch die Teilnehmer erläutert und detailliert beschrieben werden, um sofort ein Gefühl für den Fall zu erhalten. Hauptaufgabe hier ist die Herausarbeitung und Formulierung des zentralen Problems.

Danach wird mit der **Formulierung und Bewertung einer stakeholder-Management-orientierten Strategie** (Abschn. 6.3) erarbeitet, wie KMU vorgehen können, wenn sie die Belange ihrer Stakeholder in die unternehmerische Strategie einbeziehen. Dieser Teil ist im Vergleich zum ersten theorielastiger, um das nötige Wissensfundament zu legen.

Bei der **Stakeholder-Identifikation** (Abschn. 6.3.2) werden dabei die relevanten Stakeholder und ihre Ansprüche terminiert sowie priorisiert.

Hiervon wird im letzten Schritt eine **begründete Handlungsempfehlung** (Abschn. 6.4) vorgenommen. Alle vier Schritte werden auf Basis ethischer Grundlagen bearbeitet (s. Abb. 6.1).

Die Fallanalyse kann grundlegend für die Bewertung, Diskussion und Argumentation der Lösungsansätze genutzt werden, stellt aber keine endgültige Musterlösung dar.

Erinnerung Fallproblem: Der Landwirt Blecken steht vor der Entscheidung, eine Hühnermastanlage zur Existenzgründung seiner Tochter zu bauen. Die Anwohner haben hierzu unterschiedliche Ansichten. Landwirt Blecken steht vor dem

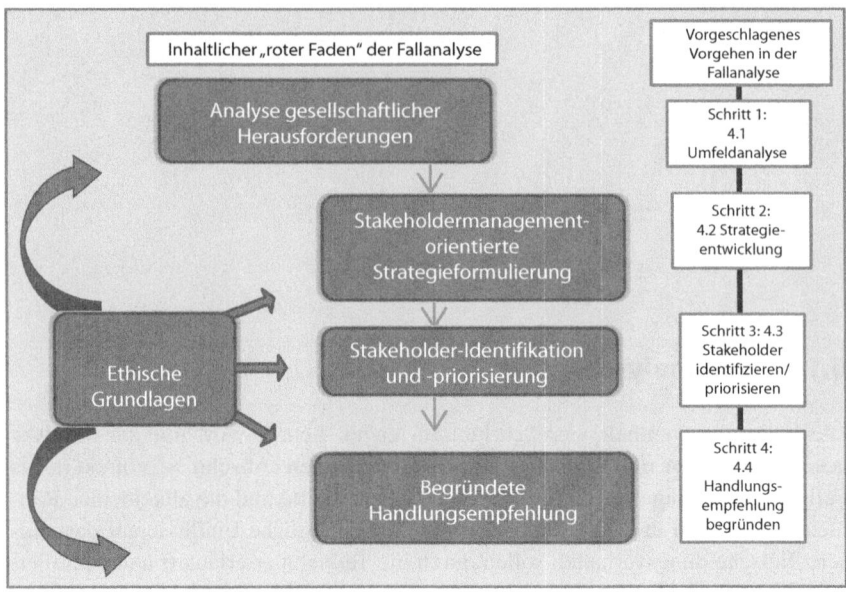

Abb. 6.1 Vorgehen Fallanalyse

Dilemma, seine eigenen wirtschaftlichen und sozialen Ziele (rentable Existenzgründung für seine Tochter) mit den gesellschaftlichen Herausforderungen (von Geruchsbelästigung bis hin zum Vorwurf der Tierquälerei) in seinem unmittelbaren Umfeld in Einklang bringen zu müssen.

6.2 Analyse gesellschaftlicher und ethischer Herausforderungen

Allgemeiner Arbeitsauftrag

Analyse der Herausforderungen, die die Fallproblematik mit sich bringt aus Sicht von:
a. Bauer Blecken,
b. den Anwohnern und bei Erweiterungsbedarf:
c. den Konsument/innen

6.2 Analyse gesellschaftlicher und ethischer Herausforderungen

Die Begründung gesellschaftlicher Verantwortung liegt in den gesellschaftlichen Herausforderungen, denen ein Unternehmen gegenübersteht. Diese Herausforderungen stehen für die Betroffenheit einzelner Stakeholder. Nach Dyllick (1992) können hier zwei Kategorien unterschieden werden: a) das, was Unternehmen mit ihrer Tätigkeit der Gesellschaft absichtlich und/oder unbeabsichtigt zufügen und b) das, was ein Unternehmen unabhängig von der Tätigkeit für die Gesellschaft tun kann. Forderungen nach Engagement außerhalb des unternehmerischen Tätigkeitsbereiches und seiner Auswirkungen sind in ihrer globalen Geltungsmacht begründet (größenabhängig). Dyllick definiert dazu einen Minimal- und Maximalgehalt von gesellschaftlicher Verantwortung (Dyllick 1992). Zunächst ist es demnach hilfreich, die konkreten Herausforderungen, die sich dem entsprechenden Unternehmen stellen, zu identifizieren. Dafür werden nachstehend zwei Modelle vorgeschlagen.

6.2.1 Sozio-rationales Modell

Die Herausforderungen aus Sicht der Umfeldanalyse für den Hof Blecken können mit Hilfe des sozio-rationalen Modells (Schaltegger et al. 2003) erfolgen. Dabei werden alle relevanten Aspekte in fünf verschiedenen Bereichen gebündelt (wirtschaftlich, soziokulturell, rechtlich, interessenpolitisch und wissenschaftlich-technologisch). Neben den fallkonkreten Aspekten wird auch auf eine allgemeine Sicht des Falles eingegangen.

Literatur Schaltegger, Stefan/Burritt, Roger/Petersen, Holger (2003) An introduction to corporate environmental management: striving for sustainability, Greenleaf Publ., Sheffield.

Wirtschaftlich: Im Geflügelmarkt allgemein:

- Geflügel wird mit steigender Tendenz vom Endkunden nachgefragt – gleichzeitig wird die Haltung der Tiere öffentlich verstärkt kritisch diskutiert.
- Auf dem Geflügelmarkt agieren einige wenige große Produzenten und es zeichnet sich ein Preiswettbewerb ab, der einerseits zu Lasten der Tiere, Mäster und Endkunden geht, sich aber auch in einem sehr günstigen Angebot von Geflügel-Fleisch niederschlägt.
- Ökologische Produkte sind vereinzelt zu finden, die Tendenz steigt auch im Discount-Bereich (z. B. das „Bio-Huhn" von Wiesenhof).

- Ökologische Produkte sind jedoch (noch) in der Minderheit und stellen nur 1 % des Marktes.
- Lebensmittelskandale treten wiederholt auf, z. B. im Eiermarkt.
- Einige Teile der Masthühner (Brust, Flügel) gehen überwiegend in den Verkauf, während die übrigen Teile (wie z. B. Füße) exportiert werden – ausländische Märkte werden mit Billig-Produkten überschwemmt.

Soziokulturell:

- Nachhaltiger Konsum steht zunehmend im Fokus, Trends wie Carsharing oder die Biokiste finden sich in verschiedenen gesellschaftlichen Schichten und qualitativ hochwertige Lebensmittel aus nachhaltiger Produktion werden vermehrt angeboten, erkennbar z. B. am Wachstum von Bio-Supermarkt-Ketten.
- (Punktuelle) Wirkung von Lebensmittelskandalen auf die Wertschätzung von Bio-Lebensmitteln.
- Steigende gesellschaftliche Erwartung an Unternehmen, was Tierhaltung und soziales Engagement betrifft.
- „Dabeisein": Social Media verändern den Umgang zwischen Unternehmen und externer Umwelt, gleichzeitig können Skandale schneller bekannt werden, z. B. durch „Shitstorms" und „Flashmobs".
- Glaubwürdige Wahrnehmung von unternehmerischer Verantwortung wird vermehrt zum Wettbewerbsvorteil.

Rechtlich:

- Die Legebatteriehaltung wurde in Deutschland zum 1. Januar 2012 abgeschafft; der Mindeststandard ist jetzt die Kleingruppenhaltung.
- Im Verbraucherschutz wird die Frage diskutiert, ob „grüne Wiesen und glückliche Hühner" auf der Verpackung von konventionellen Produkten abgebildet werden dürfen oder dies zur Irreführung der Verbraucher/innen führt. Die Einführung der Eierkennzeichnung („Das Ei mit der 3") führte zu einem enormen Anstieg von Bio-Eiern.

Interessenpolitisch:

- Die Lobby der konventionellen Geflügelbranche bzw. des konventionellen Agrarbereichs ist sehr gut aufgestellt und kämpft massiv für die Durchsetzung der eigenen Forderungen.

6.2 Analyse gesellschaftlicher und ethischer Herausforderungen

- Die bisherige Subventionspolitik begünstigte besonders in Niedersachsen die Massentierhaltung. 2013 wurde mit Christian Meyer erstmals ein Mitglied der Partei Bündnis 90/Die Grünen niedersächsischer Agrarminister. Auf seiner Agenda stand die Förderung der ökologischen Landwirtschaft.
- Private Vereinigungen wie Bürgerinitiativen haben sich in den betroffenen Gebieten gebildet, um gegen den Neubau von Mastanlagen vorzugehen (z. B. in Wietze bei Uelzen).

Wissenschaftlich-Technologisch:

- Neue Technologien zur Verbesserung der Haltungsanlagen sollen das Tierleben erträglicher gestalten.
- Neue Artenzüchtungen können dazu beitragen, dass z. B. das Töten der männlichen Küken der Legehennen zukünftig vermieden wird.

6.2.2 VENN-Diagramm-Modell

Allgemeiner Arbeitsauftrag

Analyse des Fallproblems aus ethischer Perspektive durch einen Soll/Ist-Vergleich der Situation. Identifikation und Formulierung des Fallproblems durch ethische Begründung mit Berücksichtigung der Analyse der Herausforderungen (s. o.).

Literatur
Management-Ansätze aus ethischer Perspektive
Carroll, Archie B./Buchholtz, Ann K. (2012) Business and Society: Ethics, Sustainability, and Stakeholder Management (8. Auflage), South-Western Cengage Learning, p. 183.
Carroll, Archie B., The pyramid of corporate social responsibility: toward the moral management of organizational stakeholders, Corporate social responsibility: readings and cases in a global context (2008) p. 60–76.
Carroll, Archie B., (1999) Corporate Social Responsibility: Evolution of a Definitional Construct, Business & Society, Vol. 38, No. 3, p. 268–295.
Artikel zum Diskutieren zu Wirtschaftsethik
Brenkert, George G. (2010) The Limits and Prospects of Business Ethics, Business Ethics Quarterly, Vol. 20, No. 4, pp. 703–709 (2010).
Enderle, Georges (2010) Clarifying the terms of business ethics and CSR, Business Ethics Quarterly, Vol. 20, No. 4, pp. 730–732.
Ciulla, Joanne B. (2011) Is Business Ethics Getting Better? A Historical Perspective, Business Ethics Quarterly, Vol. 21, No. 2, pp. 335–343.
Smith, Jeffery/Dubbink, Wim (2011) Understanding the role of moral principles in business ethics: A Kantian perspective, Business Ethics Quarterly, Vol. 21, No. 2, 205–231.

Aus der ethischen Perspektive kann das VENN-Diagramm-Modell als Orientierung für anfallende Entscheidungen genutzt werden (Abb. 6.2). Die Sortierung nach den verschiedenen Verantwortungsbereichen a) ethische Verantwortung, b) ökologische Verantwortung, c) ökonomische Verantwortung ermöglicht die Identifizierung von Schnittstellen, die entweder ausgebaut oder vorsichtig behandelt werden müssen. Eine definitive Aufforderung zum Handeln besteht, wenn alle drei Bereiche in einer Entscheidungssituation positiv einbezogen werden können.

Bei der Schnittmenge von 1 und 2 (ethisch/ökonomisch) wird profitabel und ethisch gehandelt, muss aber legal vorsichtig vorangegangen werden. Bei Schnittmenge von 1 und 3 (ethisch/gesetzlich) muss ein Weg zur Profitabilität gefunden werden, und bei der Schnittmenge von 2 und 3 (ökonomisch/gesetzlich) ethisch

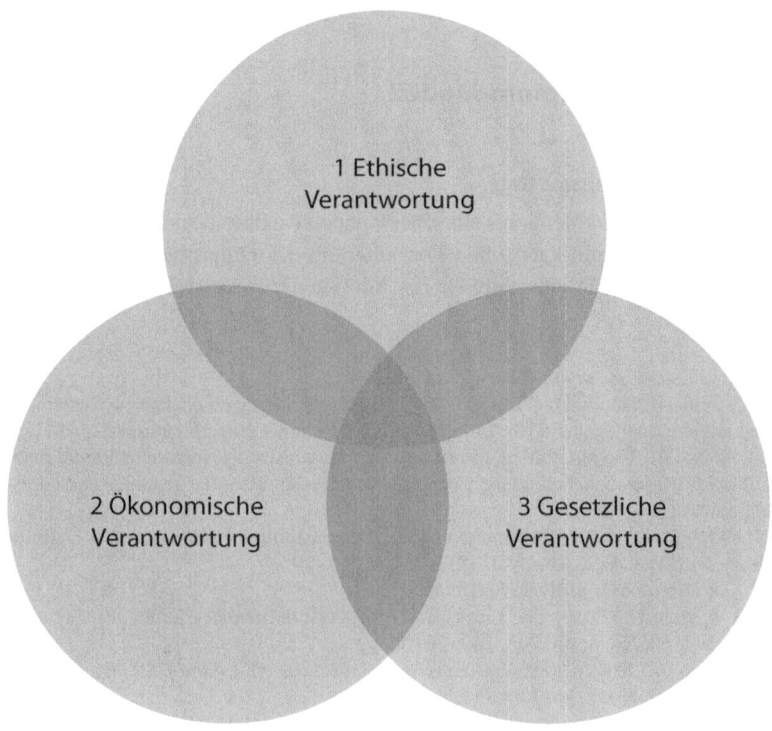

Abb. 6.2 VENN-Diagramm-Modell. Quelle: Carroll und Buchholtz 2012, S. 180.

6.2 Analyse gesellschaftlicher und ethischer Herausforderungen

vorsichtig gehandelt werden. In der Schnittmenge aller drei Bereiche wird entsprechend ethisch, profitabel sowie legal gehandelt.

Um das ethische Dilemma auf mehreren Ebenen zu identifizieren, kann mit Hilfe vier ethischer Fragen, gestellt aus fünf verschiedenen Perspektiven, gearbeitet werden.

1: Was ist: Frage nach dem aktuellen Zustand (deskriptive Ethik) Ethische Verantwortung: Bauer Berger befindet sich in einem ethischen Dilemma:

- Er möchte in seiner Funktion als Familienvater seine Tochter versorgen und steht gleichzeitig als Mitglied seiner Gemeinde vor dem sozialen Ausschluss,
- Massentierhaltung wird kritisch betrachtet.

Ökonomische Verantwortung:

- Der bestehende Hof begründet die Existenz der Familie,
- gleichzeitig sind Vorlieferanten und Abnehmer involviert,
- (Aushilfs-) Arbeiter/innen haben Anspruch auf Lohn.

Gesetzliche Verantwortung:

- Die gesetzlichen Auflagen an den landwirtschaftlichen Betrieb müssen erfüllt werden.

2: Was sollte/sollte nicht sein: Frage nach dem Idealzustand (normative Ethik) Es gibt mehrere denkbare Möglichkeiten:

- Bauer Berger findet einen Weg, der Akzeptanz für sein Vorhaben schafft.
- Das Bauvorhaben wird abgesagt und die Tochter muss eine alternative Existenzgründung finden.
- Bauer Berger baut, aber fokussiert sich auf eine allgemeinverträgliche Bauplanung, z. B. einen Öko-Hof.

3: Wenn es zwischen 1 und 2 eine Lücke gibt, wie kann diese geschlossen werden: Gap-Analyse Lücken bestehen zwischen:

- dem geplanten Bauvorhaben und der sozialen Akzeptanz
- keinem Bauvorhaben und der Zukunft der Tochter
- einem neuen Bauvorhaben und fehlende Ressourcen

4: Was ist die Motivation dafür: Begründungsfrage Die fünf Perspektiven, aus denen die Fragen gestellt werden können, sind:

- Persönliche Perspektive: Individuelle ethische Ansichten und Einstellungen von Bauer Berger
- Mikroebene: Was sind die ethischen Ansichten und Einstellungen, für die das Unternehmen steht?
- Mesoebene: Welche ethischen Ansichten und Einstellungen herrschen in der Branche?
- Gesellschaftliche Perspektive: Welche ethischen Ansichten und Einstellungen gelten (in Soderberg, aber darüber hinaus auch in unserer Gesellschaft) als gesellschaftlich anerkannt?
- Makroebene: Welches sind die global anerkannten ethischen Ansichten und Einstellungen zum Thema Massentierhaltung?

6.3 Stakeholder-Management-orientierte Strategieformulierung und -bewertung

Allgemeiner Arbeitsauftrag

Verständnis und Wissen über das Stakeholder-Konzept erarbeiten.

Die Stakeholder-Perspektive ermöglicht eine Identifikation der Gesellschaftsgruppen, denen gegenüber ein Unternehmen Verantwortung trägt. Es handelt sich um verschiedene Personen und/oder Gruppen, die einen legitimen Anspruch gegenüber diesem Unternehmen vorweisen können. Nach Freeman sind Stakeholder „groups who can affect and are affected by a firm's objective" (Freeman 1984, S. 46). Die Voraussetzung für die Durchsetzbarkeit potenzieller Ansprüche ist eine gewisse Abhängigkeit bzw. ein Nutzen aus Sicht des Unternehmens; i. d. R. wird hier die sogenannte „licence to operate" angeführt (Legitimitätsgedanke).

6.3.1 Stakeholder-Konzept

Das Stakeholder-Konzept ist ...

- ein deskriptiver Ansatz zur Beschreibung von Organisationen als Konstellationen kooperativer und kompetitiver Interessen.

- ein instrumentelles Raster zur Analyse von Beziehungen zwischen Anspruchsgruppen.
- eine Grundlage für normatives und strategisches Management.

6.3.2 Stakeholder-Identifikation

Allgemeiner Arbeitsauftrag

Identifikation der Stakeholder-Gruppen im Fall und ihrer Ansprüche sowie eine Priorisierung dieser für Bauer Berger. Die Bearbeitenden müssen sich hier entscheiden, ob sie den Bau empfehlen oder nicht.

Vorschlag: jede Gruppe erhält einen anderen Ansatz zur Identifizierung und anschließend werden die Lösungen verglichen, diskutiert und ein gemeinsamer Lösungsansatz festgehalten.

Erweiterter Arbeitsauftrag: weitere Literaturrecherche und die Ansätze gegeneinander abwägen; welcher passt besser zum Fallproblem und warum?

Literatur
Freeman, R. Edward (1984) Strategic management: A stakeholder approach, Pitman, Boston.
Freeman, R. E. (2004) The Stakeholder Approach Revisited, Zeitschrift für Wirtschafts- und Unternehmensethik, Vol. 5, No. 3, pp. 228–254.
Mitchell, Ronald K./Agle, Bradley R./Wood, Donna J. (1997) Toward a Theory of Stakeholder Identification and Salience: Defining the Principle of Who and What Really Counts, Academy of Management Review, Vol. 22, No. 4, 853–896.

Erste Möglichkeit: Power/Legitimacy/Urgency Nach Mitchell et al. (1997) können Stakeholder anhand dreier Attribute typologisiert werden:

- Macht/Einflusspotenzial: „Wahrscheinlichkeit, dass ein Individuum, das sich innerhalb eines Netzes aus sozialen Beziehungen befindet, seinen eigenen Willen ungeachtet des Widerstandes anderer durchsetzen kann" (Moser 2009, S. 25). Es geht um das Einflusspotenzial eines Stakeholders auf das Unternehmen, unabhängig von dessen tatsächlichem Gebrauch.
- Legitimität: Die Forderung sollte wünschenswert, richtig oder angemessen innerhalb eines sozial konstruierten Systems von Normen und Überzeugungen sein (Mitchell et. al. 1997, S. 866).
- Dringlichkeit: kritische/sensible situative Forderungen, z. B. Streiks, Boykotte, etc. (Mooser 2009)

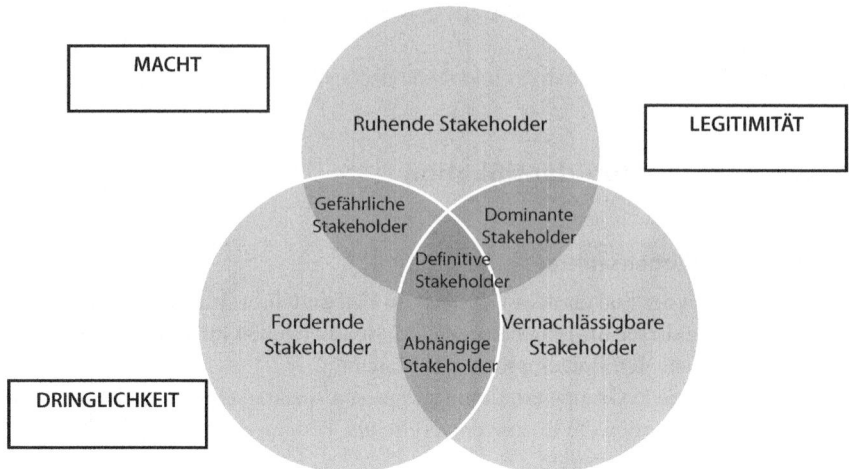

Abb. 6.3 Stakeholder-Klassifizierung. Quelle: Mitchell et al. 1997.

Von diesen drei Typen lassen sich acht verschiedene Stakeholder-Gruppen ableiten, siehe dazu Abb. 6.3.

Weitere Möglichkeiten zeigen die Tab. 6.1 und Tab. 6.2 auf.

Stakeholder Mapping nach Newcombe Das Stakeholder Mapping nach Newcombe (2003) beschreibt den Umgang mit Projekt-Stakeholdern und basiert auf

Tab. 6.1 Power/Interest Matrix

		Level of interst	
		Low	High
Power	Low	A: Minimal Effort and monitoring.	B: Keep informed, can be important to influence the more powerful stakeholders.
	High	C: Keep Satisfied: Powerful but with low level of interest for strategies of organization. Passively, but may suddenly emerge as a result of certain events, moving to group D on that issue.	D: Keep Players: Powerful and highly interested. Accessibility of strategies to these key players should be an important consideration in the evaluation of new strategies.

Tab. 6.2 Power/Predictability Matrix

Power		Predictability	
		High	Low
	Low	A: Few Problems	B: Unpredicable but manageable
	High	C: Powerful but predictable because of low dynamism	C: Greatest danger or opportunities: most management attention, because power and their stance is difficult to predict. They can sometimes be dealt with by testing out new strategies with them before final decisions are made

einer Kombination aller drei vorher genannten Modelle. Dies kann zur Zusammenführung der Gruppenergebnisse genutzt werden.

Projekte können demnach als Koalition von einflussreichen Individuen und Interessensgruppen verstanden werden. Projekt-Stakeholder werden in diesem Kontext definiert als:

▶ „(…) groups or individuals who have a stake in, or expectation of, the project's performance and include clients, project managers, designers, subcontractors, suppliers, funding bodies, users and the community at large." (Newcombe 2003, S. 842).

6.4 Begründung Handlungsempfehlung

Allgemeiner Arbeitsauftrag

Entscheidung für eine Handlungsempfehlung treffen und diese ausführlich begründen, evtl. mit Maßnahmen für das zukünftige Vorgehen.
Möglichkeit 1: Empfehlung für den Bau.
Möglichkeit 2: Empfehlung gegen den Bau.

6.5 Hintergrundinformationen zur Fallgeschichte, die nicht in der Geschichte enthalten sind

6.5.1 Allgemein

Die Gemeinde Suderburg besteht aus fünf Dörfern: Suderburg (921 Einwohner), Schwiensberg (257 Einwohner), Mautzen (455 Einwohner), Mahnen (786 Einwohner), Gut Thiersen (17 Einwohner). Die Gemeinde liegt in der Lüneburger Heide nahe der Autobahn A 7. Die Luhe fließt durch Suderburg und mündet in die Ilmenau (Flussquelle: Bispingen). In der Karte (siehe Anhang 4) sind die beiden Höfe eingezeichnet (Blecken bei Mahnen, Bauck bei Klein Süstedt). Dahinter sind jeweils Informationen zu beiden hinterlegt. Die Informationen sind im Printteil als Anhang zu finden. Vorbild für die Gemeinde Soderberg ist die reale Gemeinde Soderstorf, aber lediglich aus der geografischen Perspektive. Der Bauckhof liegt in Klein Südstedt bei Uelzen und der Hof Blecken in Nutzfelde bei Scharnebeck.

6.5.2 Bauckhof (Infos aus einem Interview mit Carsten Bauck)

Der Bauckhof steht, als einer der ersten nach Demeter-Richtlinien arbeitenden landwirtschaftlichen Betriebe in Deutschland; seit 80 Jahren für eine ökologisch konsequente und nachhaltige Wirtschaftsweise. Gehalten werden Hühner, Hähne, Puten, Schweine und Bullen unter artgerechten Lebensbedingungen mit Fütterung aus ökologischem Anbau. Weiterhin werden mit Grünland und Gewächshauskulturen Gemüse und Kartoffeln angebaut. Die Produkte werden über Groß- und Einzelhändler, regional im Hofladen und bundesweit über einen Online-Versand vermarktet.

Der Bauckhof befand sich über viele Generationen in Familienbesitz. 1932 wurde der Hof auf die biologisch-dynamische Wirtschaftsweise umgestellt. 1969 wurde die „Gemeinnützige Landbauforschungsgesellschaft" mit dem Zweck gegründet, alle Höfe im Familienbesitz (es existieren noch weitere drei Höfe im Familienbesitz) aus Privateigentum in gemeinnütziges Eigentum zu überführen. Damit konnte gesichert werden, dass zukünftig auf allen drei Höfen immer biologisch-dynamisch gearbeitet wird. Die so geführten Höfe können weder vererbt noch verkauft werden.

Die „Gemeinnützige Landbauforschungsgesellschaft Sottorf mbH" ist Träger aller landwirtschaftlichen Flächen und Gebäude. Die landwirtschaftlichen Betriebe pachten die Flächen und Gebäude von der gemeinnützigen GmbH und arbeiten nach deren Statuten.

6.5 Hintergrundinformationen zur Fallgeschichte, die nicht in der Geschichte enthalten sind

Der Gesamtbetrieb umfasst ca. 470 ha und beschäftigt in allen Vermarktungseinheiten und der Landwirtschaft sowie der Sozialtherapie ca. 200 Menschen. Der Betriebsteil in Klein Süstedt fasst 70 ha LN und ca. 25 BP. Bis in das Jahr 2002 hinein war es ein marktfruchtstarker Hof mit einem Hackfruchtanteil von 50 % und eigener Aufbereitung für den Markt. Flächenwachstum war nicht möglich.

Carsten Bauck berichtet aus der Zeit: „Es stellte sich die Frage, wie auf diesem kleinen Fleckchen Erde das Wachstum für einen Ausbau der Betriebsgemeinschaft vorangehen könnte. Nach reiflicher Überlegung war uns klar: Die Gemüsevermarktung lässt sich nicht ausbauen, die Direktvermarktung vor Ort nicht intensivieren. Der Hof brauchte ein neues Betriebskonzept. Veredelung bot sich an: Intensive Marktkontakte, gute logistische Anbindung und sandiger Boden waren die Ausgangssituation. Zudem hatten wir deutlich mehr Begeisterung für Tierhaltung als für Gemüse, es sollten neben den Schweinen und Mastbullen nun Hühner auf den Betrieb kommen, in ferner Zukunft vielleicht auch einmal Mastgeflügel. Die Suche nach geeigneten Stallkonzepten lief an. Schnell wurde klar: Festställe passen nicht zu unserer Vorstellung von Geflügelhaltung. Das Problem der Endo- und Ektoparasiten im stallnahen Bereich und der damit oft verbundene Stress für die Tiere sollten vermieden werden. Dann die Fütterung: Konventionelle Komponenten im Futter – 10-15 % waren üblich – wollten wir ebenfalls nicht. Wir entschieden uns: 100 % Bio sollte von Beginn der Tierhaltung an unser Standard sein. Eine Mahl- und Mischanlage wurde gebaut, Kontakte zu regionalen Mühlen und Felderzeugnissanbietern im Demeter Verband geknüpft. Woher nun die Hennen? Nach dem Anschreiben diverser Junghennenaufzüchter und Vorstellung unserer Ansprüche an ein Jungtier, das zu uns auf den Betrieb kommt, war klar, die Hennen kommen vom Betrieb Südbrock in Rheda-Wiedenbrück. Familie Südbrock war in der Lage, unseren Weg mitzugehen. 2003 wurde der erste Mobilstall gebaut, 1.000 Hühner kamen auf den Betrieb. Entgegen vieler Warnungen lief es von Anfang an sehr gut. Der Stall, das Huhn, das Futter und unsere Gesundheitsprophylaxe bildeten eine gute Einheit. 2005 hatten wir 4.000 Legehennen. Nun sollten Masthähnchen hinzukommen, mit dem gleichen Konzept. Stimmen wurden laut: „100 % Bio bei Hennen, okay, aber nicht bei Hähnchen!" 2007 hatten wir 7.500 Masthähnchenplätze, und es ging sehr wohl. Inzwischen wuchs die Anzahl der Legehennen auf 5.800 Tiere an. Eine neue Familie zog auf dem Hof ein, die Experten im Bereich Puten waren. Wir hörten immer wieder von Außenstehenden: „100 % Bio bei Puten – unmöglich!" 2009 hatten wir dann 2.500 Putenplätze. 100 % Bio funktioniert entgegen aller Überzeugungen anderer auch bei Puten! Unsere Bronzeputen bringen mit intensiver Betreuung und Bioresonanzverfahren zur Gesundheitsprophylaxe durchaus gute Leistungen und entwickeln ein friedliches Sozialverhalten innerhalb der Gruppen. Inzwischen wurden eine eigene Lebendtier- und Kühl-Logistik, sowie eine Vermarktung sämtlicher Teile aller Tiere aufgebaut. Zur Vervollständigung des Gesamtkonzepts fehlte die eigene Schlachterei. 2009 begannen wir mit der Planung. 2010 kam eine weitere Familie auf den Hof und übernahm Planung der Schlachtstätte und Ausbau der Vermarktung. Im März 2011 wurde unsere Schlachterei eingeweiht, nun steht das komplette Konzept der Geflügelhaltung, vom Futter bis zum fertigen Stück Wurst in der Kühlkiste Richtung Einzelhandel. 2012 steht im Jahr der Abrundung. Es wird verfeinert, verbessert und aufgeräumt. Wir werden uns um das Thema Verpackung und Veredelung der anfallenden Reststoffe in der Schlachterei kümmern. Heute ist der Bauckhof Klein Süstedt sowohl nach Demeter als auch nach Bioland zertifiziert. Er ernährt vier Familien mit sechs Kindern, eine Altenteilerin und ca. 30 Mitarbeiter. Der Tisch ist voll, Kindergeschrei auch wieder reichlich vorhanden."

6.5.3 Hof Blecken (Pseudonym: Peter Berger, Infos aus einem Interview mit Frau Blecken)

Die Familie Blecken bewirtschaftet den Hof in Nutzfelde in der vierten Generation – die Urgroßeltern hatten den Hof vor dem Zweiten Weltkrieg um 1930 gekauft und im Gegensatz zum Bauckhof blieb die Größe bis heute eher klein, aber dafür ziemlich konstant. Es gibt kein Marketing, kein Firmenlogo und keinen Internetauftritt – das ist für den Familienbetrieb einfach nicht notwendig. Das Ehepaar Blecken beschäftigt in der Regel einen festen Mitarbeiter, zurzeit einen Auszubildenden und holt sich in den Sommermonaten bei Bedarf einen Zeitarbeiter oder Praktikanten dazu. Das Hauptgeschäft ist der konventionelle Ackerbau. Der Hof umfasst ca. 250 Hektar Boden und darauf werden Getreide, Raps, Kartoffeln und Zuckerrüben angebaut. „Die Tiere sind eigentlich mehr mein Hobby", scherzt Frau Blecken auch gern. „Wir halten im Moment so ungefähr 80 Rindviecher, davon 25 Kühe und eben die Nachzucht. Dazu kommen nochmal 108 Schweine, die wir nach Neuland-Richtlinien halten." Auf die Idee der Neuland-Haltung hat sie vor 20 Jahren ihr Schwager gebracht. „Wir hatten lange Zeit ein Altgebäude leer stehen, und es hat sich herausgestellt, dass sich das wunderbar für Neuland-Haltung eignet. Dort ist alles mit Stroh ausgelegt und es gibt hinter dem Gebäude viel Platz für den freien Auslauf. Dazu mussten wir nicht einmal großartig renovieren." Sind die Tiere im schlachtreifen Alter, werden sie in ein Schlachthaus gefahren. Reale Entscheidung von Peter Blecken: Die Mastanlange wurde nicht gebaut, da der öffentliche Druck zu hoch war. Die Tochter arbeitet heute in der Weiterbildung im Agrarbereich.

Anhang 7

Anhang 1: Neuland-Richtlinien Die Richtlinien enthalten Kriterien über die Haltung, Fütterung, Transport, und Schlachtung. Es gibt diese Richtlinien für die Tiergattungen Schweine, Rinder, Schafe, Legehennen und Mastgeflügel. Der Schwerpunkt der Neuland-Richtlinien liegt auf der besonders artgerechten Tierhaltung und weniger im Bereich der Pflanzenproduktion. Grundsätzlich und immer gelten für alle Tierarten die in Tab. 7.1 aufgelisteten Punkte:

Tab. 7.1 Neuland-Richtlinien. Quelle: http://www.neuland-fleisch.de/landwirte/allgemeine-richtlinien.html.

Stroh	Alle Tiere werden auf Einstreu gehalten. Es gibt bei Neuland keine Spaltenböden oder Gitterroste. Durch die Haltung auf Stroh entsteht ökologisch wertvoller Festmist.
Auslauf	Allen Tieren und Tierarten steht ganzjährig ein Auslauf im Freien zur Verfügung.
Anbindung	Eine Anbindung oder anderweitig dauerhafte Fixierung von Tieren ist nicht erlaubt.
Futter	Nur heimische Futtermittel sind erlaubt. Damit wird der Import von Futtermitteln (vorwiegend Soja) ausgeschlossen, tierische Futtermittel wie Fisch- oder Tiermehl sind bei Neuland schon seit der Gründung verboten. Ebenso sind Antibiotika oder andere Leistungsförderer in der Fütterung untersagt.

Tab. 7.1 Fortsetzung

Gentechnik	Gentechnik darf weder in der Züchtung noch in der Fütterung eingesetzt werden.
Bäuerliche Landwirtschaft	Neuland hat sich den Erhalt bäuerlicher Betriebe zum Ziel gesetzt und sorgt mit Bestands- und Flächenobergrenzen dafür, dass Großbetriebe nicht die Vermarktung und Preise dominieren.
Teilumstellung:	Richtlinien gelten immer für den gesamten Betrieb und für alle Tierarten. Eine Teilumstellung, wie z. B. im ökologischen Landbau, ist bei Neuland nicht möglich.

Neben diesen allgemeingültigen Richtlinien gelten für die verschiedenen Tierarten weitere spezielle Anforderungen.

Anhang 2: Vergleich konventionelle und ökologische Landwirtschaft

BUND Bund für Umwelt und Naturschutz Deutschland

Klar im Vorteil: Öko-Landbau im Vergleich mit konventioneller Landwirtschaft

Ökologische Landbaumethoden sind am besten an den Klimawandel angepasst und reduzieren die Klimaemissionen. Sie sind weniger abhängig von fossiler Energie wie Erdöl und nutzen die zugeführte Energie besser aus. Wenn weniger Fleisch produziert wird, reicht die Fläche für die Selbstversorgung. Ökotiere kommen auf die Wiese, pflegen das Grünland und wir sehen sie wieder.

Ökolandbau schafft mehr Arbeitsplätze in der Landwirtschaft. Auch eine nachhaltige Bioenergieerzeugung für Strom und Wärme lässt sich auf Ökohöfen integrieren. Ökolandbau ist multifunktional: Er produziert Lebensmittel, Umweltschutz und Landschaftspflege. Bei der Industrialisierung der Landwirtschaft ist dieser Anspruch verloren gegangen.

Anstatt die Folgekosten der Intensiv-Landwirtschaft weiter in die Höhe zu treiben, muss die Agrarpolitik die anstehende Reformchance nutzen und Agrarsubventionen konsequent an Umweltziele binden.

Vergleich der industriellen mit der nachhaltigen Landwirtschaft

Quellen: Statistisches Bundesamt 2008, KTBL

	Intensive Landwirtschaft	Ökolandbau
Ertrag je Hektar Winterweizen	6 bis 7 Tonnen	3 bis 5 Tonnen
Milchleistung je Kuh und Jahr	6.600 Liter	5.600 Liter
CO_2-Bindung / Bodenschutz	negativ oder wenig	i. d. R. positiv
Futterherkunft	Eiweiß aus importierter Soja	überwiegend heimisch
Gentechnik	im Futter üblich	verboten
Tierhaltung	i. d. R. ganzjährig im Stall	mehr Platz je Tier, Auslauf vorgeschrieben
	Rinder teilweise auf Weide	i. d. R. Weidehaltung bei Rindern
Tierbetruung: eine volle Arbeitskraft für:	45.000 Hühner in Käfighaltung (ausgestalteter Käfig>; 20.000 Hühner in Freilandhaltung	10 000 Hühner
Antibiotika in Tierhaltung	weit verbreitet (780 t Antibiotika/Jahr)	Einzeltierbehandlung
Energiequelle für Dünger	überwiegend fossile Energie	überwiegend organisch
Energieeffizienz	niedrig	hoch
Arbeitsplätze je 100 Hektar	1,6	2
Biogas	kann integriert werden	kann integriert werden
Klimawandel	nicht gut angepasst	gut angepasst
Artenschutz	negativ	positiv

Quelle: http://www.bund.net/themen_und_projekte/landwirtschaft/gesunde_ernaehrung_alt/konventionell_vs_oeko/

Anhang 3: „Der Hähnchenkrieg von Sprötze" (die ZEIT)

ZEIT ONLINE   WISSEN

MASSENTIERHALTUNG

Der Hähnchenkrieg von Sprötze

Brandstiftung, Protestcamp, Drohbriefe – eine Bauernfamilie im Visier radikaler Tierschützer

VON Benjamin Reuter | 23. September 2010 - 08:00 Uhr

Hennen in der Massentierhaltung auf einer Hühnerfarm in Italien (Archivfoto)

Vor einem Haufen Asche in der Mitte einer Ruine, die ein Stall werden sollte, stehen die Eickhoffs und blicken stoisch in die Kameras. Gerhard, seine Frau Angela und ihr Sohn Malte. Um sie herum: vier verrußte Klinkermauern und verkohlte Futtersilos, die sich in den Septemberhimmel strecken. Dazu Journalisten, Nachbarn, Anzugträger. Die Eickhoffs geben eine Pressekonferenz in den Trümmern ihrer Existenz.

Gerhard Eickhoff, Landwirt, 50 Jahre alt, ist ein drahtiger Mann mit scharf geschnittenem Gesicht. Seine Haut hat die rotbraune Farbe von Lehm, die Hände sind von der Landarbeit geschunden. Er muss sich die Tränen verkneifen, als er schildert, wie das war am 30. Juli. Damals weckten ihn die Kameraden der freiwilligen Feuerwehr im Morgengrauen. Wo es brannte, wusste er nicht. Der Löschwagen bog in die Kirchhofstraße ein und fuhr am Friedhof vorbei, aus dem Dorf heraus, zehn Minuten über den Feldweg bis zu einem brennenden Stall. Es war Eickhoffs eigener. Ein sechs Tennisfelder großer Neubau, fast fertig, mit Platz für 36.800 Hähnchen. Nur der Strom fehlte noch, dann hätte es losgehen können.

»Der Brand ist eine Folge der Proteste der Tierschutzverbände«, schimpft ein Agrarfunktionär in die Mikrofone. Ein anderer spricht von einem »Anschlag auf die moderne Form der Geflügelhaltung insgesamt«. Die expandiert niedersachsenweit gerade im großen Stil. Dagegen formiert sich im ganzen Land der Protest von Bürgerinitiativen und Tierschützern. Ihnen geht es um Grundsätzliches. Aus einem guten Bauer wird da

ZEIT ONLINE | WISSEN

schnell ein böser Bauer. Nicht dem Wohl der Tiere verbunden, sondern den Ideen des Marktes. So wie in Sprötze.

HÜHNER-SIEGEL
Anders als beim Eierkauf hat der Verbraucher bei Hähnchenfleisch nur zwei Wahlmöglichkeiten: Fleisch aus biologischer Erzeugung oder aus Massentierhaltung. An einem dritten Weg arbeitet eine Initiativgruppe, bestehend aus Vertretern des Einzelhandels (Tengelmann, Edeka-Nord), der Geflügelwirtschaft und Forschern. Sie planen ein Tierschutzlabel, das auf artgerechte Haltung hinweist. Dazu gehören mehr Platz für die Tiere, freier Auslauf und vor allem eine schonendere Mast.

BESSERE TIERHALTUNG
Lars Schrader, Leiter der Abteilung für Tierschutz und Tierhaltung am staatlichen Friedrich-Loeffler-Institut und einer der Forscher in der Gruppe, spricht von "Marktversagen" als Motivation für das Projekt. "Die Kunden sollen sich zukünftig im Supermarkt für eine bessere Haltung der Tiere entscheiden können." Zwanzig Prozent der Verbraucher, so ergaben Umfragen der beteiligten Forscher, kämen als Kunden für Fleisch mit Tierschutzlabel infrage.

Etwas mehr als 2000 Einwohner zählt das Dorf am Rand der Lüneburger Heide. Die Böden der Umgebung sind fruchtbar. Die meisten Landwirte betreiben Ackerbau, große Viehzuchtbetriebe sind selten. Mitten im Dorf liegt der Hof der Eickhoffs. Wie ein Familienmotto steht auf dem Giebel ihres Hauses: »Treu bewahren wir die Scholle für das kommende Geschlecht«. Ein paar Garagen aus Klinker gibt es, außerdem ein Gemüse- und ein Blumenbeet. In einem Hofladen werden eigene Erzeugnisse verkauft.

»Wochen existenzieller Bedrohung« hätten sie hinter sich, sagt Gerhard Eickhoff. Eine halbe Million Euro sei mit dem Stall verbrannt. Ein 200 Jahre altes Familienunternehmen, von Militanten an den Rand des Ruins getrieben – »'ne harte Nummer« nennt er das. Dabei sei es doch ein naheliegender Schritt gewesen, in die Hähnchenmast zu investieren. Schließlich wollte Malte, der Älteste von drei Kindern, den Hof weiterführen. Er hatte seine Lehre gemacht und suchte nach einer Aufgabe. Auf 180 Hektar betreiben die Eickhoffs Ackerbau. 30 Rinder, 400 Schweine und 3000 Legehennen gibt es schon. Aber Rinder brauchen viel Platz, und Schweine machen viel Arbeit. Also sollten es fast 37.000 Hähnchen werden.

»Kleiner geht nicht, wenn man eine Familie ernähren will«, sagt Eickhoff. Durchschnittlich 30 Cent, sagt die Statistik, verdiente ein niedersächsischer Bauer 2009 an einem Huhn. Erst die Masse macht das Geschäft. Beim Wort Bio lacht Eickhoff zum ersten Mal an diesem Tag auf. Zu wenig Nachfrage. Zu teuer.

Im nahen Wietze hingegen geht der Hähnchenbedarf in die Millionen. Dort baut der Hühnerbaron Franz-Josef Rothkötter gerade einen neuen Schlachthof, den größten Europas. An ihn wollte Eickhoff liefern. 430.000 Vögel können dort jeden Tag getötet werden. Wenn im nächsten Jahr die Zerlegebänder anlaufen, steigt die deutsche Hähnchenproduktion mit einem Schlag um ein Viertel. Hunderte neue Ställe wie der in Sprötze sollen für die Fleischfabrik entstehen.

ZEIT ONLINE | WISSEN

Der Protest der Tier- und Umweltschützer gegen den Schlachtkoloss und dessen Lieferanten ist ein Stellvertreterkrieg gegen ein System, das wir mit jedem Einkauf im Discounter oder im Supermarkt stärken. Sprötze und Wietze sind die Rückseiten ihrer Kühlregale und Frischetheken.

Mitte Mai, auf der Baustelle in Sprötze ging es gut voran, bekam Angela Eickhoff Besuch in ihrem Hofladen. Zwei junge Frauen in »alternativem Look« und mit selbst gehäkelten Mützen traten zwischen die Gemüsekisten und die Frischetheke mit den Würsten und den Steaks. Sie wollten über die Umweltbelastung durch die Massenviehhaltung sprechen und über das Leid der gequälten Tiere. Höflich waren sie, erinnert sich Angela Eickhoff. Aber nicht zugänglich für ihre Argumente.

Frau Eickhoff entgegnete ihnen, die deutschen Tierschutzgesetze seien die strengsten in Europa, und wenn das Fleisch nicht hier produziert werde, komme es eben aus Brasilien. *Dort* gehe es den Tieren schlecht. Außerdem könne jeder für sich entscheiden, ob er Fleisch esse oder nicht. Nach einer Viertelstunde verschwanden die Besucherinnen wieder. »Diskutieren Sie mal mit Veganern über Fleischkonsum«, sagt Angela Eickhoff. »Aussichtslos.« Auch einige ältere Tierschützer aus den Nachbardörfern, die sich an einem Runden Tisch gegen den Stallbau engagierten, kamen später auf den Hof. Die lud Angela Eickhoff zu einem Tag der offenen Tür vor der Eröffnung ein. Dazu kam es dann nicht mehr.

Zur selben Zeit fand in der Nachbarstadt Buchholz eine »Mahnwache« gegen die Hähnchenpläne der Eickhoffs statt. »Linksradikale Kräfte, Anarchisten und Demokratiefeinde« hätten sich dort versammelt, sagt Annegret Schuur, die Bürgermeisterin von Sprötze. Von »harmlosen Schülern« sprechen die Tierschützer vom Runden Tisch. Tatsächlich war das Treffen eine Mischung aus Ferienlager und Protestcamp. Jonglierworkshops gab es, Diskussionen über Marx und Rassismus gegen Tiere und Kurse zu »veganem Lifestyle«. Höhepunkt war eine Demonstration in Sprötze – mit 13 Teilnehmern. Sechs Tage später besetzten rund 30 Aktivisten den Bauplatz von Rothkötter in Wietze. Erst Mitte August, nach zehn Wochen Besetzung und zwei Wochen nach dem Brand in Sprötze, räumten 200 Polizisten den Bauplatz. Dabei beschlagnahmten sie auch einige Paar Schuhe, deren Profil mit Spuren vom Tatort in Sprötze übereinstimmte. Eine heiße Spur, so stellte sich später heraus, war es nicht.

ZEIT ONLINE | WISSEN

MASSENWARE
Drei Unternehmen dominieren in Deutschland die Produktion von Masthähnchen. Wesjohann, Rothkötter und Stolle teilen sich 75 Prozent des Geflü#gelmarktes. Sie betreiben nicht nur Schlachtereien, sondern auch Kraftfutterwerke und Bru#tereien.

HÄHNCHENPRODUKTION
Dort kaufen die Landwirte einen Tag alte und 40 Gramm leichte Ku#ken, mästen diese durchschnittlich fu#nf Wochen lang, um sie dann zwei Kilogramm schwerer zum Schlachten zu bringen. In diesem System hat der Einzelne kaum Spielraum, die Belegungsdichte seines Stalls zu reduzieren oder die Mastzeit zu verlängern.

KOSTENAUFWAND UND GEWINN
In Niedersachsen, wo mehr als die Hälfte der deutschen Hähnchen produziert wird, mussten die Mäster 2009 pro Kilo Huhn im Durchschnitt 20 Cent in Ku#ken investieren, knapp 50 Cent in Futter, 10 Cent kosteten Tierarzt, Energie und Löhne – insgesamt 80 Cent. Die Schlachthöfe zahlten 95 Cent pro Kilo. Zurzeit kostet bei den Discountern, wo 55 Prozent der Deutschen ihr Geflu#gel kaufen, ein Kilo Hähnchenfleisch um die 1,80 Euro fu#r ganze Tiere und 5,40 Euro fu#r Bruststu#cke.

Der Grund für die Expansion der Hähnchenwirtschaft, gegen die sich die Proteste richten, ist einfach: Im vergangenen Jahr aßen die Deutschen jeden Tag 1,7 Millionen Hähnchen. Doppelt so viele wie 1999. Kleinteilige bäuerliche Landwirtschaft kann diese Mengen nicht erzeugen. Stattdessen ist Agrarindustrie gefragt. Fleischproduzenten wie Rothkötter setzen auf Wachstum, auf immer mehr Nachfrage und immer billigere Produkte. Und nehmen dabei – so sehen es jedenfalls die Tierschützer – millionenfaches Leid billigend in Kauf. Für sie bedeutet Massentierhaltung grundsätzlich Massentierqual. Aber diese Gleichung ist zu einfach.

Wie geht es ihm, dem deutschen Durchschnittshähnchen? »Wir wissen es nicht«, sagt Jörg Hartung. Auf dem Gebiet der Wissenschaft vom Huhn ist Hartung eine Koryphäe. Er ist Direktor des Instituts für Tierhygiene, Tierschutz und Nutztierethologie an der Universität Hannover. Er arbeitet für die European Food Safety Authority und ist Vorsitzender der Bundes-Tierschutzkommission. Das Wohlbefinden, sagt Hartung, werde, abgesehen von Zahlen zu ansteckenden Krankheiten, nicht bundesweit erfasst. Wie es den Tieren in der Mast ergehe, hänge stark von den Fähigkeiten des Landwirts ab. Er muss die Einstreu trocken halten, die Temperatur, die Feuchtigkeit und den Ammoniakgehalt in der Luft regeln. Je mehr Tiere in einem Stall sind, desto anspruchsvoller ist das – »aber ein guter Bauer kommt auch mit vielen Tieren zurecht«.

An den Rahmenbedingungen, das weiß der Experte, ließe sich allerdings etwas ändern. Erstens: Besser wäre eine Haltung mit ungefähr 20 Prozent mehr Platz als heute vorgeschrieben. In einen Stall wie bei den Eickhoffs würden dann statt 36.800 nur noch 30.100 Hähnchen passen. Zweitens: Die Tiere sollten langsamer gemästet werden. Im Durchschnitt sind sie nach fünf Wochen schlachtreif. Das Fleisch wächst währenddessen schneller als die Knochen. Das eigene Gewicht erschwert es den Tieren in den letzten Tagen zunehmend, sich von der Stelle zu bewegen. Hinzu kommen Herz-Kreislauf-Störungen. Die heutigen Haltungsregeln seien ein Kompromiss zwischen Ökonomie und Artgerechtheit, sagt Hartung. Gehe es nach dem Wohlbefinden der Tiere, müsse man sie ändern. Dann würde aber auch das Fleisch teurer. Der Gesellschaft für Konsumforschung

4

ZEIT ONLINE | WISSEN

Bevölkerung in Brasilien ihr Land verliert. Eine Familie in Sprötze ist mir nicht wichtiger als eine in Brasilien.«

Die verkohlten Futtersilos werfen lange Schatten im ausgebrannten Stall der Eickhoffs. Die Pressekonferenz in der Ruine ist beendet. Wilhelm Hoffrogge, Vizepräsident des Zentralverbands der Deutschen Geflügelwirtschaft, steht noch lange mit der Familie zusammen. Er hatte den Brand als Anschlag auf die »moderne Form der Geflügelhaltung« verurteilt. Hoffrogge ist ein freundlicher Herr im hellen Jackett, der am liebsten Putenstreifen mit Currygemüse isst. Schön leicht sei das, kaum fett und energiereich.

»Geflügel ist das Fleisch der Zukunft«, sagt er – nur würzen müsse man ordentlich. »Alles, was so schnell wächst, hat nun mal nicht viel Geschmack.« Aber wie die Supermärkte es präsentierten, das rosa glänzende Brustfleisch in der Frischeverpackung, das sei schon toll. »Bauernglück« heißt eine der Hähnchenmarken in den Kühlregalen. Ein Bauernhaus aus Fachwerk ist auf dem Etikett zu sehen. Davor eine grüne Wiese. Gefroren kostet das Kilo Bauernglück um die zwei Euro.

Das passe nicht zusammen, sagt der Geflügelfunktionär. Der Kunde solle endlich wissen, wie moderne Hähnchenmast aussehe. In Sprötze wird deshalb, auch mit dem Geld des Verbands, ein neuer Stall entstehen. »Gläsern« soll er sein und für Besucher zugänglich – ein PR-Stall für die Hähnchenindustrie. Den Tieren wird der Bau weder mehr Platz noch mehr Zeit zum Wachsen bringen. Und den Eickhoffs wird in Briefen gedroht, dass es bald wieder brennt.
Diesen Artikel finden Sie als Audiodatei im Premiumbereich unter www.zeit.de/audio

COPYRIGHT: DIE ZEIT, 23.09.2010 Nr. 39

Quelle: http://www.zeit.de/2010/39/Huehnerkrieg

Anhang 4: MEG Info Trends auf dem deutschen Geflügelmarkt

20.11.2012

Trends auf dem deutschen und den internationalen Märkten für Geflügelfleisch

Margit M. Beck von der ‚MEG - Marktinfo Eier & Geflügel, Bonn berichtet: Die deutsche Geflügelwirtschaft konnte in den zurückliegenden Jahren starke Zuwächse verbuchen. Sowohl Produktion als auch Verbrauch erreichten 2011 ein Rekordniveau. Im ersten Halbjahr 2012 hat sich der Trend verlangsamt. Weltweit stehen die Zeichen am Geflügelmarkt weiterhin auf Wachstum.

Die Bruttoeigenerzeugung von Geflügelfleisch insgesamt stieg 2011 um 2,5 % auf das Rekordniveau von 1,663 Mio. t. Nie zuvor wurde so viel Geflügel in Deutschland gemästet. Der Pro-Kopf-Verbrauch erreichte mit 18,9 kg Geflügelfleisch pro Einwohner ebenfalls einen Spitzenwert. Deutschland hat seine Erzeugung in den zurückliegenden zehn Jahren damit um fast 70 % steigern können. Die Abhängigkeit von Importen sank im Gegenzug spürbar. Im Jahr 2001 lag der Selbstversorgungsgrad erst bei 66 %. Im Jahr 2010 wurde erstmals die 100-Prozent-Linie übertroffen. Dem Zuwachs lag hauptsächlich die Expansion am Hühnermarkt (Hähnchen und Suppenhennen) zu Grunde. In diesem Bereich wuchs der Pro-Kopf-Verbrauch 2011 nach noch vorläufiger Kalkulation um 400 g auf 11,8 kg empor. Die Bruttoeigenerzeugung stieg 2011 nochmals um 7 % auf 1,194 Mio. t.

Gestiegene Ausfuhr lebender Hühner
Obwohl 2011 Schlachtkapazitäten in Deutschland ausgebaut wurden, erreichten die Ausfuhren von lebenden Hühnern eine Höchstmarke. Es wurden umgerechnet in Schlachtgewicht 309.300 t exportiert, das waren nochmals 5,8 % mehr als 2010. Etwa 95 % der Ausfuhren gelangten in die Niederlande. Aber auch nach Österreich, Polen und Belgien werden lebende Hühner ausgeführt.

Schlachtungen decken nicht den Verbrauch
Die MEG hatte aus der offiziellen vorläufigen Bilanz zu „Hühnerfleisch" die Versorgungsbilanz für Hähnchen abgeleitet. Der kalkulierte Gesamtverbrauch an Hähnchenfleisch belief sich 2011 auf 912.000 t. Dies entsprach einem Pro-Kopf-Verbrauch von 11,2 kg (plus 400 g). Dem gegenüber steht eine Nettoerzeugung (Gesamtschlachtungen) von 860.000 t. Der deutsche Markt bleibt also auf Importe zur Bedarfsdeckung angewiesen. Die Importe von Hähnchenfleisch dürften sich insgesamt auf etwa 516.000 t belaufen haben. Insbesondere im Bereich der Zubereitungen haben Drittländer, vorneweg Brasilien, dabei noch einen hohen Stellenwert. Immer wichtiger werden die Exporte für den hiesigen Markt. Die Ausfuhren überschritten 2011 mit rund 465.000 t das Vorjahresvolumen um fast 4 %. Es dominieren dabei die Lieferungen in den EU-Raum.

Teilproduktion ermöglichte rasantes Wachstum
Der starke Ausbau der Hähnchenproduktion im zurückliegenden Jahrzehnt wurde nur möglich durch die konsequente Ausrichtung der Hähnchenproduktion auf mehr Frischware und mehr Teilstücke. Im Jahr 1995 entfielen erst 44 % der Hähnchenschlachtungen auf Frischfleisch, im Jahr 2011 waren es schon 72 %. Der Anteil der bereits ab Schlachterei als Teilstück abgegebenen erhöhte sich im gleichen Zeitraum von 33 % auf 78 %.

Damit kam man den Konsumgewohnheiten der Deutschen entgegen und Hähnchenfleisch wurde zur anerkannten Alternative zu anderen Fleischarten. Leicht zuzubereitende Teilstücke, am liebsten aus Brustfleisch, werden klar von den Deutschen bevorzugt. Die Ausrichtung auf die Teileproduktion wurde erst möglich durch den verstärkten Einsatz von Züchtungen, die ein höheres Schlachtgewicht erreichen.

Höhere Schlachtgewichte bei Hähnchen 2012
Im ersten Halbjahr 2012 stiegen die Hähnchenschlachtungen in Deutschland laut Destatis nochmals um 4 % auf 431.876 t. Diese Zunahme wurde hauptsächlich durch höhere Schlachtgewichte erreicht. Die Hähnchen brachten im Schnitt des ersten Halbjahres 2012 rund 1,45 kg Schlachtgewicht auf die Waage. Im Vorjahreszeitraum waren es erst 1,39 kg. Damit setzte sich der seit Jahren zu beobachtende Trend zu schwereren Tieren fort.

Nennenswerte Mastkapazitäten scheinen 2012 nicht mehr dazugekommen zu sein. Denn mit 369 Mio. Hähnchenküken wurden fast 2

% weniger in Deutschland eingestallt als 2011.

Putenmarkt stagniert

Die deutsche Putenerzeugung befindet sich in einer Phase der Stagnation. Die Nettoerzeugung, die praktisch der hierzulande geschlachteten Menge entspricht, sank 2011 sogar um gut 2 % auf 471.300 t. Noch stärker sank die Bruttoeigenerzeugung, was der Menge der gemästeten Tiere entspricht. Sie schrumpfte um fast 8 % auf 401.000 t. Deshalb mussten die Schlachtereien im vergangenen Jahr mehr lebende Puten importieren, um ihre Kapazitäten auszulasten. Die Importe an lebenden Puten legten um 41 % auf 72.400 t zu. Im ersten Halbjahr 2012 beliefen sich die Putenschlachtungen in Deutschland laut Destatis auf 230.941. das waren 2,7 % weniger als in den ersten sechs Monaten von 2011.

Verbrauch leicht rückläufig

In den 1990er Jahren legte der Putenfleischverbrauch in Deutschland von Jahr zu Jahr kräftig zu. Wurden im Jahr 1990 erst 2,6 kg pro Einwohner und Jahr verbraucht, waren es im Jahr 2000 schon 5,6 kg. Im Jahr 2004 war mit einem Pro-Kopf-Verbrauch von 6,4 kg der höchste Wert zu verzeichnen. Aus den vorliegenden Daten errechnet sich für 2011 ein Gesamtverbrauch von Putenfleisch, der mit 487.300 t um 2,4 % hinter das Vorjahresvolumen zurückfiel. Dies entsprach einem Pro-Kopf-Verbrauch von 6,0 kg, das waren 100 g weniger als 2010.

Futterpreise belasten die Rentabilität

Die Rentabilität der Geflügelmast hängt neben Entwicklung der Erzeugerpreise maßgeblich von der Entwicklung der Kostenstruktur ab. Wichtigster Kostenfaktor sind die Futterpreise. Der Preisanstieg der Futtermittel 2012 belastete die Rentabilität der Geflügelproduktion entlang der gesamten Wertschöpfungskette. Jede Veredlungsstufe war bemüht die höheren Einstandspreise an die Abnehmer weiterzugeben, wenn es die Marktlage zuließ. Letztlich sind daher auch höhere Verbraucherpreise nicht auszuschließen. Bleibt abzuwarten, ob die höheren Futterkosten gänzlich kompensiert werden können.

EU-Markt wächst langsamer

Die Bruttoeigenerzeugung von Geflügelfleisch in der EU-27 ist nach Angaben der EU-Kommission von 2010 auf 2011 um gut 1 % gestiegen. 2012 dürfte der Zuwachs auf 0,6 % schrumpfen. Nachdem der Außenhandel mit Geflügelfleisch 2011 spürbar zulegte, erwartet die Kommission auch für 2012 nochmals ein leichtes Plus. Der Gesamtverbrauch blieb 2011 im Wesentlichen stabil. Es errechnete sich ein Pro-Kopf-Verbrauch von 23,4 kg. Im laufenden Jahr könnte der Verbrauch 100 g zulegen. Der Selbstversorgungsgrad stieg von 2010 auf 2011 um 1 Prozentpunkt auf 101 %. Im Vergleich zu Anfang dieses Jahrtausends hat die Hähnchenproduktion in der EU bis 2011 um fast 30 % zugelegt, während die Putenerzeugung um fast 10 % schrumpfte.

Deutschland: Nachholbedarf bei Hähnchenfleisch

Putenfleisch spielt nur in wenigen EU-Ländern eine nennenswerte Rolle. Daher liegt der Verbrauch in der EU im Schnitt auch klar unter dem deutschen Level. Nur in Österreich, ein Land mit vergleichbaren Konsumgewohnheiten, wird mit schätzungsweise 6,4 kg das deutsche Niveau überschritten. Beim Hähnchenfleischverbrauch hat Deutschland dagegen noch erheblichen Nachholbedarf.

Weltgeflügelproduktion steigt weiter

Der Anstieg der Weltgeflügelfleischerzeugung setzt sich fort. Für 2011 kalkulierte die MEG eine Zunahme der Erzeugung um etwa 3,5 % auf 101,5 Mio. t. Weltweit liegt der Focus der Geflügelfleischerzeugung dabei auf Hähnchenfleisch. Basierend auf den Angaben der FAO betrug der Anteil des Hähnchensektors dabei etwa 88 %. Laut USDA-Prognose dürfte die Welthähnchenerzeugung 2012 nochmals um über 2 % steigen. Durch die aktuelle weltweite Verteuerung der Futtermittel könnten die Prognosen zwar etwas eintrüben, an einer im Prinzip weiter steigenden Weltproduktion ist aber nicht zu zweifeln. Denn es gibt immer mehr Menschen auf der Welt, die zudem in vielen Ländern noch einen steigenden Bedarf an tierischen Eiweißen haben. Seit der Jahrtausendwende stieg die Weltbevölkerung laut FAO um über 14 %, die Weltgeflügelfleischproduktion sogar um 49 %. Dies verdeutlicht den Hunger nach Geflügelfleisch. Der rechnerische Pro-Kopf-Verbrauch in der Welt betrug 14,5 kg in 2011. Demgegenüber steht ein Verbrauch von 23,4 kg im EU-Mittel und sogar über 50 kg in den USA. Es ist davon auszugehen, dass es gerade in Schwellenländern noch Nachholbedarf beim Fleischkonsum gibt.

Vor dem Hintergrund begrenzt verfügbarer Ackerflächen und somit Futtermittel in der Welt, ist eine linear mit der Weltbevölkerung wachsende Fleischproduktion sicherlich problematisch zu bewerten. Die gute Futterverwertung, insbesondere in der Hähnchenmast, ist unter diesen Gesichtspunkten ein wichtiger Pluspunkt dieser Tierhaltung. Geflügel profitiert zudem davon, dass es im Gegensatz zu anderen Tierarten weltweit nicht mit religiösen Tabus belegt ist.

Anhang

Die FAO rechnet in einer mittleren Prognose damit, dass im Jahre 2050 über 9 Mrd. Menschen auf der Welt leben, das wären knapp ein Drittel mehr als heutzutage. Allein um den jetzigen Pro-Kopf-Verbrauch von Geflügelfleisch in der Welt zu halten, müsste die Erzeugung auf rund 125 Mio. t zulegen. Würde sich das Wachstum beim Pro-Kopf-Verbrauch in gleichem Maße fortsetzen wie in den vergangenen zehn Jahren, wäre bis zum Jahr 2050 nahezu eine Verdoppelung der Produktion notwendig. Dennoch läge der Pro-Kopf-Verbrauch noch unter dem EU-Level. Die Expansion wird sich voraussichtlich zwischen den beiden Szenarien bewegen.

(c) OVID - Verband der ölsaatenverarbeitenden Industrie Deutschlands

Anhang 4: Landkarte Gemeinde Soderberg

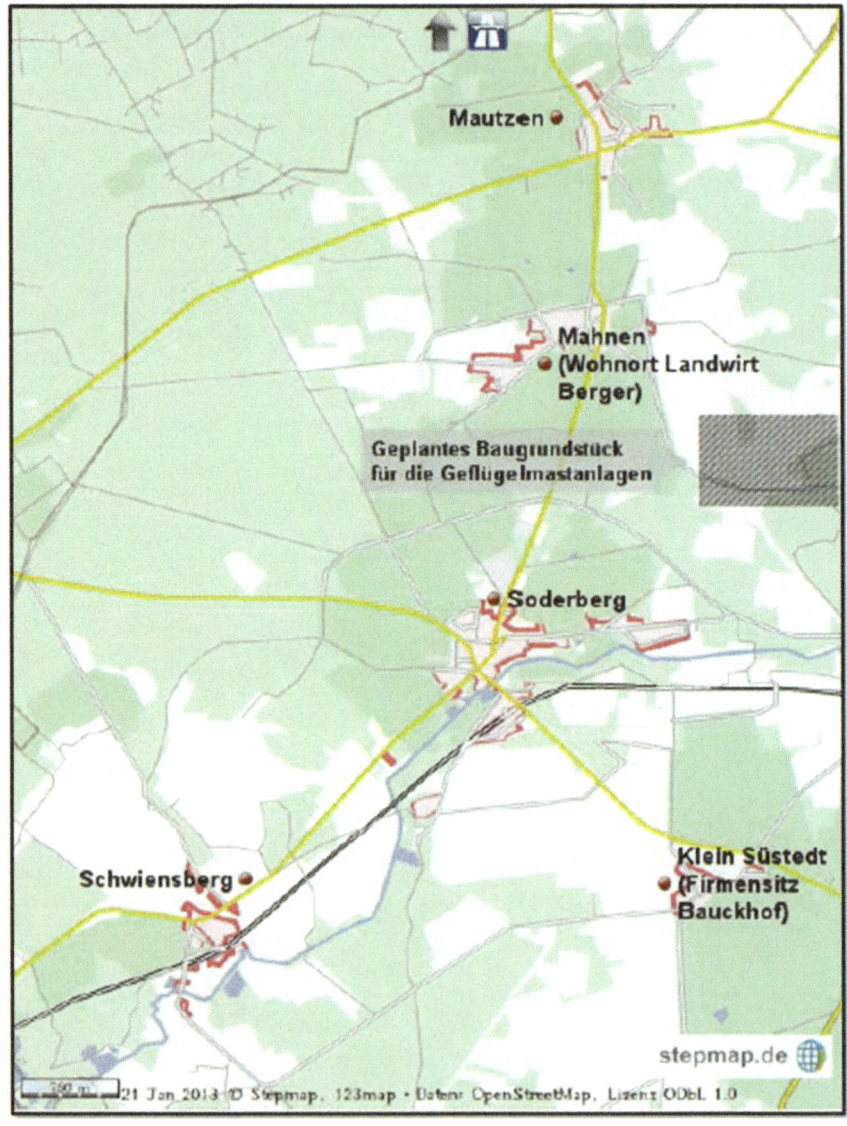

Literaturverzeichnis

Brenkert G G (2010) The Limits and Prospects of Business Ethics. Business Ethics Quarterly, 20(4): 703–709

Burgoyne J, Mumford A (2001) Burgoyne & Mumford: Learning from the case method. A report to the European Case Clearing House, Lancaster University Management School. Lancaster

Carroll A B, Buchholtz A K (2012) Business and Society Ethics, Sustainability and Stakeholder Management, 8. Aufl. Cengage Learning, South-Western

Dyllick T (1992) Management der Umweltbeziehungen: öffentliche Auseinandersetzungen als Herausforderung. Gabler, Wiesbaden

Europäische Kommission (2013) A RECOVERY ON THE HORIZON? ANNUAL REPORT ON EUROPEAN SMEs 2012/2013, http://ec.europa.eu/enterprise/policies/sme/facts-figures-analysis/performance-review/files/supporting-documents/2013/annual-report-smes-2013_en.pdf,. Zugegriffen: 24.07.2015

Foer JS (2011) Tiere essen. Kiepenheuer & Witsch, Köln

Food and Agriculture Organization of the United Union (FAO) 2010: Agribusiness Handbook, Poultty Meat & Eggs, FAO, Rome

Handelsblatt (2006) In Harvard nachgefragt – was ist eine Case Study? http://www.handelsblatt.com/karriere/mba-news/in-harvard-nachgefragt-was-ist-eine-case-study/2709324.html. Zugegriffen: 6.07.2015

Heath J (2006) Teaching and writing case studies: A practical guide, 3. Aufl. The Case Centre, UK

Marquart M, Teevs C (2012) Mastbetriebe im Vergleich: Zwei Hühnerleben, Spiegel Online, http://www.spiegel.de/wirtschaft/service/huehner-mast-bio-hof-und-konventioneller-betrieb-im-vergleich-a-854356.html. Zugegriffen: 02.05.2017

Mitchell R K, Agle B R, Wood D J (1997) Toward a Theory of Stakeholder Identification and Salience: Defining the Principle of Who and What Really Counts, Academy of Management Review, 22(4): 853–896

Moser P (2009) StakeholdermanagementStakeholder-Management zur optimalen Gestaltung strategischen Wandels. Diplomica Verlag, Hamburg

Newcombe R (2003) From client to project stakeholders: a stakeholder mapping approach, in: Construction Management and Economics, 21: 841–848

Reuter B (2010) Der Hähnchenkrieg von Sprötze, DIE ZEIT Nr. 39 vom 23.09.2010. http://www.zeit.de/2010/39/Huehnerkrieg. Zugegriffen: 24.07.2015

Schaltegger S, Burritt R, Petersen H (2003) An introduction to corporate environmental management: striving for sustainability. Greenleaf Publ., Sheffield.

Smith J, Dubbink W (2011) Understanding the role of moral principles in business ethics: A Kantian perspective. Business Ethics Quarterly, 21(2): 205–231

Spiller A, Schulze B (Hrsg) (2008) Zukunftsperspektiven der Fleischwirtschaft – Verbraucher, Märkte, Geschäftsbeziehungen, Universitätsverlag Göttingen, http://www.univerlag.uni-goettingen.de/bitstream/handle/3/isbn-978-3-940344-13-7/fleischwirtschaft.pdf?sequence=1. Zugegriffen: 02.05.2017

Statista (2012) Ernährung in Deutschland – Statista Dossier. http://de.statista.com/statistik/studie/id/6443/dokument/ernaehrung--statista-dossier/.

Statista (2015) http://de.statista.com/statistik/daten/studie/311479/umfrage/pro-kopf-konsum-von-fleisch-in-deutschland-nach-arten/

Statistiches Bundesamt (2011) Wirtschaftsrechnungen: Einkommens- und Verbrauchsstichprobe. Aufwendungen privater Haushalte für Nahrungsmittel, Getränke und Tabakwaren, Fachserie 15, Heft 3, Wiesbaden.

Statistisches Bundesamt (2011) Wirtschaftsrechnungen, Einkommens- und Verbrauchsstichprobe Aufwendungen privater Haushalte für Nahrungsmittel, Getränke und Tabakwaren, Fachserie 15 Heft 3, Wiesbaden.

Weiterführende Literatur

Mendelow A (1991) 'Stakeholder Mapping', Proceedings of the 2nd International Conference on Information Systems, Cited in: Scholes K: Stakeholder Mapping: A Practical Tool for Managers. In Ambrosini V (Hrsg) Exploring Techniques of Analysis and Evaluation in Strategic Management, Hemel Scholes. Cambridge, MA
http://www.ukessays.com/essays/management/stakeholder-analysis-of-mendelow-matrix-management-essay.php. Zugegriffen: 24.07.2015.

Birch D (2003) Corporate Social Responsibility: Some Key Theoretical Issues and Concepts for New Ways of Doing Business. Journal of New Business Ideas and Trends, 1(1): 1–19

Brenkert G G (2010) The Limits and Prospects of Business Ethics. Business Ethics Quarterly, 20(4): 703–709

Carroll A B (1991) The Pyramid of Corporate Social Responsibility. Toward the Moral Management of Organizational Stakeholders, in: Business Horizons, 34(4): 39–48

Carroll A B (1999) Corporate Social Responsibility: Evolution of a Definitional Construct. Business & Society, 38(3): 268–295

Ciulla J B (2011) Is Business Ethics Getting Better? A Historical Perspective, Business Ethics Quarterly, 21(2): 335–343

Cooper S (2004) Corporate social performance: a stakeholder approach. Ashgate, Aldershot.

Crane A, Matten D (2007) Business Ethics, Oxford University Press, New York

De George R T (1992) Unternehmensethik aus amerikanischer Sicht, in: Lenk H, Maring M(Hrsg) Wirtschaft und Ethik. Reclam, Stuttgart, S 301–316

Enderle G (2010) Clarifying the terms of business ethics and CSR. Business Ethics Quarterly, 20(4): 730–732

Evans W M, Freeman R E (1988) A Stakeholder Theory of the Modern Corporation: Kantian Capitalism. In: Beauchamp T L, Bowie N E (Hrsg) Ethical Theory and Business. Prentice-Hall, Englewood-Cliffs, S 97–106

Freeman R E (1984) Strategic management: A stakeholder approach. Pitman, Boston

Freeman R E (2004) The Stakeholder Approach Revisited. Zeitschrift für Wirtschafts- und Unternehmensethik, 5(3): 228–254

Friedman M (1970) The Social Responsibility of Business is to Increase Its Profits. The New York Times Magazine: 13

Gardner J R, Rachlin R, Sweeny H W A, Richards A (1986) Handbook of Strategic Planning. J. Wiley, Hoboken

Göbel E (2006) Unternehmensethik, Lucius & Lucius. Stuttgart, S 113–115

Jenkins H (2004) A Critique of Conventional CSR Theory: An SME Perspective. Journal of General Management, 29(4): 37

Johnson G, Scholes K (1991) Exploring Corporate Strategy: Text & Cases. Prentice Hall, New York u. a.

Kaiser F-J, Kaminski H (2012) Methodik des Ökonomieunterrichts: Grundlagen eines handlungsorientierten Lernkonzepts mit Beispielen, 4. Aufl. Klinkhardt, Bad Heilbrunn

McIntosh M (2003) Raising A Ladder To The Moon: The Complexities of Corporate Responsibility. Palgrave Macmillan, London

McMahon T F (2006) A brief history of American business ethics. In: Robert E F (Hrsg) A Companion to Business Ethics. Blackwell, S 342–352

Müller M, Schaltegger S (2009) Corporate Social Responsibility – Trend oder Modeerscheinung. Oekom, München

Palazzo B (2000) Interkulturelle Unternehmensethik. Deutsche und amerikanische Modelle im Vergleich. Gabler, Wiesbaden; mit dem Hinweis auf: Petry, E junior (1992) The Federal Sentencing Guidelines for Organisations. Center for Business Ethics News, 1: 4

Sims R R (2003) Ethics and corporate social responsibility: why giants fall. Greenwood Publishing, Westport

Smith J, Dubbink W (2011) Understanding the role of moral principles in business ethics: A Kantian perspective. Business Ethics Quarterly, 21(2):205–231

Steimle U (2008) Ressourcenabhängigkeit und Nachhaltigkeitsorientierung von Unternehmen. Metropolis, Marburg

Wieland J (1993) Formen der Institutionalisierung von Moral in amerikanischen Unternehmen. Die amerikanische Business-Ethics-Bewegung: Why and how they do it. Haput, Bern, S 23

The manufacturer's authorised representative in the EU is Springer Nature Customer Service Centre GmbH, Europaplatz 3, 69115 Heidelberg, Germany. If you have any concerns regarding our products, please contact ProductSafety@springernature.com

Printed and bound by CPI Group (UK) Ltd, Croydon, CR0 4YY

25/03/2026

02078186-0008